2022

中国海关统计摘要

CHINA CUSTOMS STATISTICS ABSTRACT

中华人民共和国海关总署　编

The General Administration of Customs of the People's Republic of China (GACC)

中国海关出版社有限公司

中国·北京

图书在版编目（CIP）数据

中国海关统计摘要．2022／中华人民共和国海关总署编．—北京：中国海关出版社有限公司，2022.4
ISBN 978-7-5175-0579-2

Ⅰ.①中… Ⅱ.①中… Ⅲ.①海关—统计资料—中国—2022 Ⅳ.①F752.5-66

中国版本图书馆 CIP 数据核字（2022）第 066408 号

中国海关统计摘要（2022）

ZHONGGUO HAIGUAN TONGJI ZHAIYAO（2022）

编　　者：中华人民共和国海关总署
责任编辑：刘　婧
出版发行：中国海关出版社有限公司
社　　址：北京市朝阳区东四环南路甲 1 号　　邮政编码：100023
网　　址：www.hgcbs.com.cn
编 辑 部：01065194242-7544（电话）
发 行 部：01065194221/4227/4238/4246（电话）
社办书店：01065195616（电话）
https://weidian.com/?userid=319526934
印　　刷：北京中献拓方科技发展有限公司　　经　　销：新华书店
开　　本：710mm×1000mm　1/16
印　　张：12.5　　字　　数：280 千字
版　　次：2022 年 4 月第 1 版
印　　次：2022 年 4 月第 1 次印刷
书　　号：ISBN　978-7-5175-0579-2
定　　价：56.00 元

《中国海关统计摘要（2022）》编委会

编 写 说 明

一、《中国海关统计摘要》是为了及时反映我国货物贸易进出口发展情况而编写的一本综合性简明统计资料出版物。本书收录了近年来我国对外货物贸易统计的主要指标数据，同时简要列示了1981年以来的历史资料。内容包括：综合、贸易伙伴、商品、地区、指数及主要统计指标解释。

二、统计范围：海关统计包括实际进出中华人民共和国关境并改变境内物质存量的货物。

三、资料来源：海关统计的原始资料是经海关确认的《中华人民共和国海关进（出）口货物报关单》《中华人民共和国海关进（出）境货物备案清单》《中华人民共和国海关跨境电子商务零售进（出）口商品申报清单》《中华人民共和国海关进（出）境快件货物报关单》、边民互市进（出）境货物申报单证，以及其他经海关确认的与进出口货物相关的单证及资料。

四、书中历史数据为年鉴数据，当年数据为月度正式数据。

五、由于计数四舍五入，各统计表内分项数字之和可能与总数略有出入。部分历史数据由于更正的原因与已发行刊物的数据略有差异。

六、历史数据统计口径、计量单位等发生变化的，以“注”说明。增速均为上年同期比。

七、本书有关符号的使用说明：摘要各表中的“-”表示该项无数据或不统计，“0”表示该项统计指标数据不足本表最小单位数，“*”表示该项数据与表中其他数据存在交叉情况。

目　　录

一、综　合

二、贸易伙伴

三、商　品

四、地 区

五、指　数

附　录

一、综合

年度进出口总额

年 份	亿元人民币			亿美元		
	进出口	出 口	进 口	进出口	出 口	进 口
“六五”时期	**5634**	**2610**	**3026**	**2524**	**1200**	**1324**
1981	735	368	368	440	220	220
1982	771	414	358	416	223	193
1983	860	438	422	436	222	214
1984	1201	581	620	535	261	274
1985	2067	809	1258	696	274	423
“七五”时期	**19202**	**9261**	**9941**	**4864**	**2325**	**2539**
1986	2580	1082	1498	738	309	429
1987	3084	1470	1614	827	394	432
1988	3822	1767	2055	1028	475	553
1989	4156	1956	2200	1117	525	591
1990	5560	2986	2574	1154	621	533
“八五”时期	**71499**	**36662**	**34836**	**10143**	**5183**	**4960**
1991	7226	3827	3399	1356	718	638
1992	9120	4676	4443	1655	849	806
1993	11271	5285	5986	1957	917	1040
1994	20382	10422	9960	2366	1210	1156
1995	23500	12452	11048	2809	1488	1321
“九五”时期	**147120**	**79755**	**67365**	**17739**	**9617**	**8122**
1996	24134	12576	11557	2899	1510	1388
1997	26967	15161	11807	3252	1828	1424
1998	26850	15224	11626	3239	1837	1402
1999	29896	16160	13736	3606	1949	1657
2000	39273	20634	18639	4743	2492	2251
“十五”时期	**376506**	**197011**	**179495**	**45579**	**23852**	**21727**
2001	42184	22024	20159	5097	2661	2436
2002	51378	26948	24430	6208	3256	2952
2003	70483	36288	34196	8510	4382	4128
2004	95539	49103	46436	11546	5933	5612
2005	116922	62648	54274	14219	7620	6600
“十一五”时期	**840190**	**460673**	**379519**	**116814**	**63991**	**52823**
2006	140975	77598	63377	17604	9690	7915
2007	166924	93627	73297	21762	12201	9561
2008	179921	100395	79527	25633	14307	11326
2009	150648	82030	68618	22075	12016	10059
2010	201722	107023	94700	29740	15778	13962
“十二五”时期	**1248476**	**674782**	**573693**	**199225**	**107719**	**91507**
2011	236402	123241	113161	36419	18984	17435
2012	244160	129359	114801	38671	20487	18184
2013	258169	137131	121037	41590	22090	19500
2014	264242	143884	120358	43015	23423	19592
2015	245503	141167	104336	39530	22735	16796
“十三五”时期	**1463677**	**807557**	**656122**	**216393**	**119377**	**97014**
2016	243386	138419	104967	36856	20976	15879
2017	278099	153310	124790	41071	22633	18438
2018	305008	164128	140880	46224	24867	21357
2019	315627	172374	143254	45779	24995	20784
2020	322215	179279	142936	46559	25900	20660
“十四五”时期						
2021	391009	217348	173661	60515	33640	26875

年度进出口增速

单位:%

年　份	人民币			美元		
	进出口	出　口	进　口	进出口	出　口	进　口
1981	29.0	35.6	23.1	15.4	21.4	9.9
1982	4.9	12.5	-2.7	-5.5	1.4	-12.4
1983	11.5	5.8	17.9	4.8	-0.4	10.9
1984	39.7	32.6	46.9	22.8	17.6	28.1
1985	72.1	39.2	102.9	30.0	4.6	54.1
1986	24.8	33.7	19.1	6.1	13.1	1.5
1987	19.5	35.9	7.7	11.9	27.5	0.7
1988	23.9	20.2	27.3	24.4	20.5	27.9
1989	8.7	10.7	7.1	8.7	10.6	7.0
1990	33.8	52.7	17.0	3.4	18.2	-9.8
1991	30.0	28.2	32.1	17.5	15.7	19.6
1992	26.2	22.2	30.7	22.0	18.2	26.3
1993	23.6	13.0	34.7	18.2	8.0	29.0
1994	80.8	97.2	66.4	20.9	31.9	11.2
1995	15.3	19.5	10.9	18.7	23.0	14.2
1996	2.7	1.0	4.6	3.2	1.5	5.1
1997	11.7	20.6	2.2	12.2	21.0	2.5
1998	-0.4	0.4	-1.5	-0.4	0.5	-1.5
1999	11.3	6.1	18.1	11.3	6.1	18.2
2000	31.4	27.7	35.7	31.5	27.8	35.8
2001	7.4	6.7	8.2	7.5	6.8	8.2
2002	21.8	22.4	21.2	21.8	22.4	21.2
2003	37.2	34.7	40.0	37.1	34.6	39.8
2004	35.5	35.3	35.8	35.7	35.4	36.0
2005	22.4	27.6	16.9	23.2	28.4	17.6
2006	20.6	23.9	16.8	23.8	27.2	19.9
2007	18.4	20.7	15.7	23.6	25.9	20.8
2008	7.8	7.2	8.5	17.8	17.3	18.5
2009	-16.3	-18.3	-13.7	-13.9	-16.0	-11.2
2010	33.9	30.5	38.0	34.7	31.3	38.8
2011	17.2	15.2	19.5	22.5	20.3	24.9
2012	3.3	5.0	1.4	6.2	7.9	4.3
2013	5.7	6.0	5.4	7.5	7.8	7.2
2014	2.3	4.9	-0.6	3.4	6.0	0.4
2015	-7.0	-1.9	-13.2	-8.0	-2.9	-14.1
2016	-0.9	-1.9	0.6	-6.8	-7.7	-5.5
2017	14.3	10.8	18.9	11.4	7.9	16.1
2018	9.7	7.1	12.9	12.5	9.9	15.8
2019	3.5	5.0	1.7	-1.0	0.5	-2.7
2020	2.1	4.0	-0.2	1.7	3.6	-0.6
2021	21.4	21.2	21.5	30.0	29.9	30.1

中国进出口总额在世界贸易中的比重和位次

年　份	世界贸易进出口总额（亿美元）	比　重（%）	位　次
1981	40849	1.1	21
1982	38297	1.1	21
1983	37375	1.2	20
1984	39714	1.3	16
1985	39684	1.8	11
1986	43461	1.7	12
1987	50992	1.6	17
1988	58342	1.8	15
1989	63044	1.8	15
1990	70897	1.6	16
1991	71398	1.9	14
1992	76797	2.2	11
1993	76891	2.5	11
1994	87568	2.7	11
1995	104529	2.7	11
1996	109533	2.6	11
1997	113310	2.9	11
1998	111857	2.9	11
1999	116457	3.1	9
2000	131015	3.6	8
2001	126034	4.0	6
2002	131573	4.7	6
2003	153619	5.5	4
2004	186959	6.2	3
2005	212956	6.7	3
2006	245004	7.2	3
2007	282982	7.7	3
2008	326672	7.8	3
2009	252734	8.7	2
2010	307427	9.7	2
2011	367744	9.9	2
2012	371719	10.4	2
2013	379304	11.0	1
2014	380628	11.3	1
2015	332783	11.9	1
2016	322456	11.4	2
2017	357388	11.5	1
2018	393861	11.7	1
2019	383212	11.9	1
2020	355172	13.1	1
2021	448026	13.5	1

注：所列世界贸易进出口总额来源于世界贸易组织数据库。

中国进口总额在世界贸易中的比重和位次

年 份	世界进口贸易总额（亿美元）	比 重（%）	位 次
1981	20705	1. 1	22
1982	19439	1. 0	23
1983	18916	1. 1	20
1984	20157	1. 4	17
1985	20155	2. 1	11
1986	22076	1. 9	11
1987	25837	1. 7	14
1988	29653	1. 9	14
1989	32055	1. 8	14
1990	36000	1. 5	18
1991	36284	1. 8	15
1992	39005	2. 1	13
1993	38944	2. 7	11
1994	44286	2. 6	11
1995	52853	2. 5	12
1996	55473	2. 5	12
1997	57387	2. 5	12
1998	56826	2. 5	11
1999	59263	2. 8	10
2000	66475	3. 4	8
2001	64069	3. 8	6
2002	66565	4. 4	6
2003	77711	5. 3	3
2004	94734	5. 9	3
2005	107853	6. 1	3
2006	123690	6. 4	3
2007	142668	6. 7	3
2008	164975	6. 9	3
2009	127104	7. 9	2
2010	154362	9. 0	2
2011	184328	9. 5	2
2012	186547	9. 7	2
2013	189642	10. 3	2
2014	190556	10. 3	2
2015	167226	10. 0	2
2016	162016	9. 8	2
2017	179962	10. 2	2
2018	198401	10. 8	2
2019	193167	10. 8	2
2020	178720	11. 6	2
2021	225188	11. 9	2

注：所列世界进口贸易总额来源于世界贸易组织数据库。

中国出口总额在世界贸易中的比重和位次

年　份	世界出口贸易总额（亿美元）	比　重（%）	位　次
1981	20144	1.1	19
1982	18858	1.2	16
1983	18460	1.2	19
1984	19557	1.3	18
1985	19529	1.4	17
1986	21385	1.4	16
1987	25155	1.6	16
1988	28689	1.7	16
1989	30989	1.7	14
1990	34897	1.8	15
1991	35114	2.0	13
1992	37792	2.2	11
1993	37947	2.4	11
1994	43283	2.8	11
1995	51676	2.9	11
1996	54061	2.8	11
1997	55923	3.3	10
1998	55031	3.3	9
1999	57194	3.4	9
2000	64540	3.9	7
2001	61964	4.3	6
2002	65007	5.0	5
2003	75908	5.8	4
2004	92226	6.4	3
2005	105103	7.2	3
2006	121314	8.0	3
2007	140313	8.7	2
2008	161697	8.8	2
2009	125630	9.6	1
2010	153065	10.3	1
2011	183416	10.4	1
2012	185172	11.1	1
2013	189662	11.6	1
2014	190072	12.3	1
2015	165557	13.8	1
2016	160440	13.1	1
2017	177426	12.8	1
2018	195460	12.7	1
2019	190046	13.2	1
2020	176452	14.7	1
2021	222838	15.1	1

注：所列世界出口贸易总额来源于世界贸易组织数据库。

月度进出口总额

（2019 年 1 月—2021 年 12 月）

年 月	亿元人民币			亿美元		
	进出口	出 口	进 口	进出口	出 口	进 口
2019 年 1 月	27422	15039	12382	3977	2180	1797
2 月	18202	9235	8967	2677	1353	1324
3 月	24656	13391	11264	3651	1982	1669
4 月	25146	13016	12131	3741	1936	1805
5 月	25971	14364	11607	3867	2139	1728
6 月	25662	14511	11151	3753	2125	1628
7 月	27489	15260	12228	3995	2218	1778
8 月	27195	14792	12403	3950	2149	1802
9 月	27880	15295	12585	3974	2182	1791
10 月	27114	15046	12069	3836	2130	1707
11 月	28682	15657	13024	4057	2214	1843
12 月	30209	16767	13442	4300	2386	1914
2020 年 1 月	25792	14811	10982	3685	2116	1569
2 月	15393	5561	9831	2228	804	1424
3 月	24375	12887	11488	3492	1846	1646
4 月	24883	14018	10865	3540	1995	1545
5 月	24735	14535	10200	3512	2064	1448
6 月	26994	15080	11914	3810	2128	1682
7 月	29301	16790	12511	4134	2368	1765
8 月	28841	16440	12401	4116	2344	1773
9 月	30618	16540	14078	4419	2386	2033
10 月	28314	16129	12185	4151	2362	1789
11 月	30841	17917	12924	4596	2669	1927
12 月	32129	18571	13558	4876	2817	2059
2021 年 1 月	30448	17247	13201	4656	2636	2020
2 月	24297	13303	10993	3739	2046	1693
3 月	30303	15528	14775	4697	2407	2289
4 月	31557	17100	14458	4860	2635	2225
5 月	31450	17141	14309	4837	2636	2201
6 月	32934	18099	14835	5116	2811	2305
7 月	32653	18120	14533	5087	2823	2264
8 月	34229	19009	15220	5293	2940	2353
9 月	35246	19802	15444	5434	3053	2381
10 月	33300	19376	13924	5150	2997	2153
11 月	37083	20846	16237	5781	3249	2532
12 月	37508	21777	15730	5865	3405	2460

贸易方式进口总额（人民币）

单位：亿元

贸易方式	2000 年	2005 年	2010 年	2015 年	2019 年	2020 年	2021 年
总　额	**18639**	**54274**	**94700**	**104336**	**143254**	**142936**	**173661**
一般贸易	8292	23016	52180	57274	86671	86721	108395
国家间、国际组织无偿援助和赠送的物资	12	4	1	1	0	1	0
来料加工贸易	2312	5510	6743	5686	6185	5305	5924
进料加工贸易	5348	17003	21569	22061	22593	22583	25678
边境小额贸易	266	470	653	445	632	559	450
加工贸易进口设备	139	235	83	39	27	29	24
租赁贸易	94	298	382	510	283	157	108
外商投资企业作为投资进口的设备、物品	1084	2278	1105	382	364	201	128
出料加工贸易	2	3	9	19	20	25	15
免税外汇商品	9	1	1	1	3	3	1
保税监管场所进出境货物	436	1650	4146	5510	9921	9421	11628
海关特殊监管区域物流货物	582	3639	7410	11308	14481	15916	19126
海关特殊监管区域进口设备	–	116	271	406	629	700	809
免税品	–	–	–	101	225	273	265
其他	64	51	146	593	1220	1042	1110

注：1. “其他”包括“其他捐赠物资”“寄售、代销贸易”“易货贸易”“补偿贸易”和“其他贸易”等贸易方式。

2. 自 2014 年起，“免税品”列入海关统计。

贸易方式进口总额（美元）

单位：亿美元

贸易方式	2000 年	2005 年	2010 年	2015 年	2019 年	2020 年	2021 年
总　额	**2251**	**6600**	**13962**	**16796**	**20784**	**20660**	**26875**
一般贸易	1001	2796	7693	9224	12578	12522	16770
国家间、国际组织无偿援助和赠送的物资	1	0	0	0	0	0	0
来料加工贸易	279	670	994	915	898	767	917
进料加工贸易	646	2070	3181	3551	3275	3272	3976
边境小额贸易	32	57	96	72	92	81	70
加工贸易进口设备	17	29	12	6	4	4	4
租赁贸易	11	36	56	83	41	23	17
外商投资企业作为投资进口的设备、物品	131	277	163	62	53	29	20
出料加工贸易	0	0	1	3	3	4	2
免税外汇商品	1	0	0	0	0	0	0
保税监管场所进出境货物	53	201	611	886	1440	1363	1801
海关特殊监管区域物流货物	70	443	1093	1818	2100	2303	2963
海关特殊监管区域进口设备	–	14	40	65	91	101	125
免税品	–	–	–	16	33	40	41
其他	8	6	23	94	176	151	169

注：1. “其他”包括“其他捐赠物资”“寄售、代销贸易”“易货贸易”“补偿贸易”和“其他贸易”等贸易方式。

2. 自 2014 年起，“免税品”列入海关统计。

贸易方式出口总额（人民币）

单位：亿元

贸易方式	2000 年	2005 年	2010 年	2015 年	2019 年	2020 年	2021 年
总　额	**20634**	**62648**	**107023**	**141167**	**172374**	**179279**	**217348**
一般贸易	8731	25924	48886	75399	99578	106430	132445
国家间、国际组织无偿援助和赠送的物资	8	19	20	31	48	40	79
来料加工贸易	3402	6903	7621	5219	5378	4690	5173
进料加工贸易	7983	27322	42589	44317	45349	43895	48205
边境小额贸易	100	608	1111	1896	2200	1921	2067
对外承包工程出口货物	27	140	857	1000	977	732	823
租赁贸易	6	7	10	16	40	11	26
出料加工贸易	2	2	13	13	16	21	11
保税监管场所进出境货物	219	653	2400	3056	3489	3686	4203
海关特殊监管区域物流货物	96	955	2476	6805	8794	9871	14178
其他	61	115	1041	3415	6505	7982	10138

注：“其他”包括“其他捐赠物资”“寄售、代销贸易”“易货贸易”“补偿贸易”和“其他贸易”等贸易方式。

贸易方式出口总额（美元）

单位：亿美元

贸易方式	2000 年	2005 年	2010 年	2015 年	2019 年	2020 年	2021 年
总　额	**2492**	**7620**	**15778**	**22735**	**24995**	**25900**	**33640**
一般贸易	1052	3151	7206	12148	14444	15369	20498
国家间、国际组织无偿援助和赠送的物资	1	2	3	5	7	6	12
来料加工贸易	411	840	1123	841	780	677	801
进料加工贸易	964	3325	6280	7134	6574	6347	7462
边境小额贸易	12	74	164	305	318	277	320
对外承包工程出口货物	3	17	126	161	142	106	127
租赁贸易	1	1	1	3	6	2	4
出料加工贸易	0	0	2	2	2	3	2
保税监管场所进出境货物	26	80	354	492	506	533	650
海关特殊监管区域物流货物	12	116	365	1094	1275	1429	2196
其他	7	14	154	549	941	1151	1568

注："其他"包括"其他捐赠物资""寄售、代销贸易""易货贸易""补偿贸易"和"其他贸易"等贸易方式。

企业性质进口总额（人民币）

单位：亿元

企业性质	2000年	2005年	2010年	2015年	2019年	2020年	2021年
总　额	**18639**	**54274**	**94700**	**104336**	**143254**	**142936**	**173661**
国有企业	8198	16225	26339	25279	36996	32094	42008
中外合作企业	704	788	500	387	279	299	259
中外合资企业	4496	9740	14230	15225	16330	15698	16110
外商独资企业	4505	21323	35351	35872	42518	43972	49420
集体企业	511	1685	2374	1530	1850	1626	1700
私营企业	113	4438	14547	25544	44018	48504	63288
其他	113	74	1359	499	1263	744	876

企业性质进口总额（美元）

单位：亿美元

企业性质	2000年	2005年	2010年	2015年	2019年	2020年	2021年
总　额	**2251**	**6600**	**13962**	**16796**	**20784**	**20660**	**26875**
国有企业	989	1972	3882	4073	5371	4635	6502
中外合作企业	85	96	74	62	41	43	40
中外合资企业	543	1183	2098	2451	2371	2271	2492
外商独资企业	544	2595	5212	5776	6167	6355	7648
集体企业	62	205	350	246	269	234	263
私营企业	14	540	2146	4108	6383	7014	9796
其他	14	9	201	79	182	107	134

注：“其他”包括个体工商户、外国驻华企事业机构、外国驻华使领馆和临时进出口的单位和个人。

企业性质出口总额（人民币）

单位：亿元

企业性质	2000 年	2005 年	2010 年	2015 年	2019 年	2020 年	2021 年
总　额	**20634**	**62648**	**107023**	**141167**	**172374**	**179279**	**217348**
国有企业	9637	13890	15903	15033	16235	14397	17384
中外合作企业	819	1287	1117	706	493	392	432
中外合资企业	4164	11187	16120	17537	17295	17023	20562
外商独资企业	4899	24032	41245	44138	48808	47093	53487
集体企业	880	3005	3382	3163	3151	2832	3076
私营企业	197	9227	29146	60404	85694	96913	121780
其他	31	20	109	185	698	628	627

企业性质出口总额（美元）

单位：亿美元

企业性质	2000 年	2005 年	2010 年	2015 年	2019 年	2020 年	2021 年
总　额	**2492**	**7620**	**15778**	**22735**	**24995**	**25900**	**33640**
国有企业	1164	1688	2343	2424	2357	2076	2690
中外合作企业	99	157	165	114	72	57	67
中外合资企业	503	1360	2376	2824	2508	2462	3182
外商独资企业	592	2925	6082	7108	7080	6802	8279
集体企业	106	365	498	510	458	409	476
私营企业	24	1122	4298	9725	12421	14003	18849
其他	4	2	16	30	99	91	97

注：“其他”包括个体工商户、外国驻华企事业机构、外国驻华使领馆和临时进出口的单位和个人。

运输方式进口总额（人民币）

单位：亿元

运输方式	2000 年	2005 年	2010 年	2015 年	2019 年	2020 年	2021 年
总　额	**18639**	**54274**	**94700**	**104336**	**143254**	**142936**	**173661**
水路运输	11388	30900	58531	56441	80781	79611	97874
铁路运输	356	873	1333	979	1399	1748	2156
公路运输	3903	10278	15659	19788	23347	24286	29889
航空运输	2951	12150	18376	24994	33670	34671	40473
邮件运输	17	34	28	20	224	160	148
其他	23	39	772	2115	3832	2461	3121

运输方式进口总额（美元）

单位：亿美元

运输方式	2000 年	2005 年	2010 年	2015 年	2019 年	2020 年	2021 年
总　额	**2251**	**6600**	**13962**	**16796**	**20784**	**20660**	**26875**
水路运输	1376	3754	8629	9095	11725	11498	15144
铁路运输	43	106	197	157	203	253	334
公路运输	471	1253	2311	3183	3386	3513	4627
航空运输	356	1478	2708	4018	4882	5018	6265
邮件运输	2	4	4	3	32	23	23
其他	3	5	114	339	557	355	482

注：“其他”包括“旅客携带”“固定设施”“其他运输”。

运输方式出口总额（人民币）

单位：亿元

运输方式	2000 年	2005 年	2010 年	2015 年	2019 年	2020 年	2021 年
总　额	**20634**	**62648**	**107023**	**141167**	**172374**	**179279**	**217348**
水路运输	12875	40835	73864	95477	114412	116067	141650
铁路运输	202	411	726	1123	2409	3606	4440
公路运输	5705	10897	17025	22827	25286	25616	31037
航空运输	1700	10115	14649	20509	28036	31759	36318
邮件运输	22	55	46	222	555	322	199
其他	131	335	712	1009	1676	1909	3704

运输方式出口总额（美元）

单位：亿美元

运输方式	2000 年	2005 年	2010 年	2015 年	2019 年	2020 年	2021 年
总　额	**2492**	**7620**	**15778**	**22735**	**24995**	**25900**	**33640**
水路运输	1555	4963	10886	15390	16600	16754	21918
铁路运输	24	50	107	181	349	520	687
公路运输	689	1329	2514	3670	3664	3708	4806
航空运输	205	1230	2159	3298	4060	4596	5624
邮件运输	3	7	7	35	79	46	30
其他	16	41	105	162	243	275	575

注：“其他”包括“旅客携带”“固定设施”“其他运输”。

关别进口总额（人民币）

单位：亿元

序号	关　别	2000 年	2005 年	2010 年	2015 年	2019 年	2020 年	2021 年
	总　额	**18639**	**54274**	**94700**	**104336**	**143254**	**142936**	**173661**
1	上海海关	3955	11381	17732	19680	26220	27025	32060
2	深圳海关	2823	8011	12841	16263	17792	17564	21294
3	南京海关	1089	7068	10634	10374	13071	14391	16720
4	青岛海关	1180	3666	8569	7737	11351	10365	13843
5	黄埔海关	2026	4175	6056	6167	8308	8300	9243
6	天津海关	1100	3056	5754	5454	7519	7160	8333
7	宁波海关	579	2583	4132	3218	4989	4447	5900
8	杭州海关	311	970	2635	2222	3848	3943	5613
9	大连海关	786	1821	3557	3294	4713	4525	5231
10	广州海关	1058	2111	3572	3582	4902	4534	5166
11	北京海关	810	2040	3164	3739	4186	4144	4732
12	南宁海关	72	267	800	1810	3037	3100	4604
13	石家庄海关	55	234	1493	1827	2867	2992	3886
14	厦门海关	501	1193	2174	2475	3029	2686	3715
15	成都海关	69	158	757	998	3308	3303	3487
16	郑州海关	23	82	280	1774	1863	2444	2978
17	济南海关	–	–	–	1099	2233	2104	2451
18	重庆海关	52	122	272	1109	1727	1950	2280
19	福州海关	229	425	596	692	1326	1484	2176
20	湛江海关	255	732	1233	1068	1619	1374	2157
21	合肥海关	28	85	591	739	1408	1650	2013
22	西安海关	52	101	334	916	1448	1711	2000
23	拱北海关	513	1390	1789	1356	1459	1499	1676
24	武汉海关	54	245	573	826	1238	1301	1495
25	哈尔滨海关	42	117	136	538	1197	929	1235
26	乌鲁木齐海关	97	272	797	1001	1505	1174	1227
27	沈阳海关	74	185	326	391	972	914	1164
28	昆明海关	24	90	118	384	1094	918	1005
29	南昌海关	14	55	425	468	745	872	1004
30	海口海关	30	88	542	684	839	815	995
31	长沙海关	43	118	276	472	905	943	979
32	呼和浩特海关	39	186	261	311	550	467	563
33	汕头海关	187	265	337	311	370	322	523
34	长春海关	58	214	420	474	529	549	522
35	江门海关	180	246	283	306	342	389	437
36	太原海关	26	84	275	127	220	199	394
37	满洲里海关	160	319	609	198	239	230	245
38	兰州海关	6	77	252	92	131	117	178
39	贵阳海关	8	18	32	116	75	79	111
40	拉萨海关	0	1	3	10	8	3	14
41	银川海关	9	16	49	36	62	12	11
42	西宁海关	3	9	20	3	11	4	2

注：1. 按 2021 年总额降序排列。

2. 济南海关成立于 2013 年。

关别进口总额（美元）

单位：亿美元

序号	关 别	2000 年	2005 年	2010 年	2015 年	2019 年	2020 年	2021 年
	总 额	**2251**	**6600**	**13962**	**16796**	**20784**	**20660**	**26875**
1	上海海关	477	1382	2613	3167	3804	3907	4963
2	深圳海关	341	978	1895	2615	2581	2538	3297
3	南京海关	131	861	1568	1671	1897	2079	2587
4	青岛海关	143	444	1264	1247	1648	1498	2143
5	黄埔海关	245	507	893	993	1205	1198	1431
6	天津海关	133	371	846	879	1091	1035	1289
7	宁波海关	70	313	609	519	724	643	913
8	杭州海关	38	118	389	358	558	570	869
9	大连海关	95	221	524	531	684	653	809
10	广州海关	128	257	527	576	711	656	798
11	北京海关	98	248	466	601	607	599	732
12	南宁海关	9	32	118	290	441	448	712
13	石家庄海关	7	28	220	295	416	432	601
14	厦门海关	60	145	321	399	440	388	575
15	成都海关	8	19	112	160	480	478	540
16	郑州海关	3	10	41	285	269	357	461
17	济南海关	–	–	–	177	324	303	379
18	重庆海关	6	15	40	179	250	282	353
19	福州海关	28	52	88	112	192	214	337
20	湛江海关	31	89	182	172	235	199	334
21	合肥海关	3	10	87	119	204	239	311
22	西安海关	6	12	49	147	210	247	310
23	拱北海关	62	169	264	218	212	217	259
24	武汉海关	6	30	84	132	179	188	231
25	哈尔滨海关	5	14	20	87	174	134	191
26	乌鲁木齐海关	12	33	118	161	219	169	190
27	沈阳海关	9	22	48	63	141	132	180
28	昆明海关	3	11	17	62	159	133	156
29	南昌海关	2	7	63	75	108	126	155
30	海口海关	4	11	80	110	122	118	154
31	长沙海关	5	14	41	76	131	136	151
32	呼和浩特海关	5	23	38	50	80	67	87
33	汕头海关	23	32	50	50	54	46	81
34	长春海关	7	26	62	76	77	79	81
35	江门海关	22	30	42	49	50	56	68
36	太原海关	3	10	40	21	32	29	61
37	满洲里海关	19	39	90	32	35	33	38
38	兰州海关	1	9	37	15	19	17	27
39	贵阳海关	1	2	5	18	11	12	17
40	拉萨海关	0	0	0	2	1	0	2
41	银川海关	1	2	7	6	9	2	2
42	西宁海关	0	1	3	0	2	1	0

注：1. 按 2021 年总额降序排列。

2. 济南海关成立于 2013 年。

关别出口总额（人民币）

单位：亿元

序号	关 别	2000 年	2005 年	2010 年	2015 年	2019 年	2020 年	2021 年
	总 额	**20634**	**62648**	**107023**	**141167**	**172374**	**179279**	**217348**
1	上海海关	5102	17476	28714	30986	37235	37564	43683
2	深圳海关	3684	10681	19376	27112	32152	36330	42154
3	南京海关	716	4405	8929	10082	13013	13028	16188
4	宁波海关	552	2975	6818	8756	12098	12150	14631
5	青岛海关	1394	4059	7640	8834	10833	10717	14143
6	广州海关	1215	2561	3813	6419	7730	8843	10973
7	黄埔海关	2112	4594	6239	8747	7605	6967	8603
8	天津海关	1369	3677	5399	6158	6326	6106	8323
9	厦门海关	709	2311	3600	4891	6235	6197	7628
10	杭州海关	103	416	1750	3541	4856	5264	6811
11	成都海关	33	43	263	1070	2896	3907	4465
12	郑州海关	12	41	75	2020	3003	3522	4372
13	重庆海关	41	134	326	2109	3210	3544	4358
14	南宁海关	89	186	671	1961	2746	3246	3936
15	大连海关	1023	2147	3119	3306	3817	3167	3749
16	拱北海关	588	1825	2691	3105	2709	2611	2792
17	济南海关	–	–	–	1151	1626	1921	2689
18	北京海关	382	1432	1720	1674	1527	1588	2601
19	西安海关	17	35	158	648	1529	1864	2455
20	武汉海关	59	153	427	866	1021	1271	1733
21	乌鲁木齐海关	61	436	1076	1247	1806	1174	1538
22	福州海关	321	546	760	1127	1188	1174	1433
23	合肥海关	28	47	120	602	901	1037	1193
24	江门海关	260	516	643	769	912	829	926
25	长沙海关	23	71	166	395	927	1071	894
26	南昌海关	10	40	241	356	606	764	841
27	昆明海关	44	110	239	471	857	935	792
28	汕头海关	280	432	617	735	825	660	786
29	石家庄海关	126	393	370	673	513	518	776
30	湛江海关	77	165	211	233	294	217	296
31	海口海关	32	55	138	254	314	245	276
32	沈阳海关	48	112	145	163	215	206	254
33	呼和浩特海关	11	47	95	98	154	149	214
34	太原海关	32	71	6	4	24	44	197
35	哈尔滨海关	39	320	286	201	166	145	194
36	满洲里海关	14	34	59	104	160	126	180
37	长春海关	17	57	77	85	134	90	115
38	贵阳海关	5	10	8	159	115	56	88
39	银川海关	0	0	0	12	41	10	28
40	拉萨海关	0	11	36	32	41	15	27
41	兰州海关	1	9	3	13	12	7	14
42	西宁海关	1	14	1	0	0	0	0

注：1. 按2021年总额降序排列。

2. 济南海关成立于2013年。

关别出口总额（美元）

单位：亿美元

序号	关　别	2000 年	2005 年	2010 年	2015 年	2019 年	2020 年	2021 年
	总　额	**2492**	**7620**	**15778**	**22735**	**24995**	**25900**	**33640**
1	上海海关	616	2123	4232	4993	5402	5418	6762
2	深圳海关	445	1304	2860	4364	4659	5255	6524
3	南京海关	86	536	1316	1624	1888	1882	2505
4	宁波海关	67	361	1005	1411	1755	1754	2264
5	青岛海关	168	492	1126	1422	1572	1549	2189
6	广州海关	147	312	562	1034	1120	1277	1698
7	黄埔海关	255	559	920	1410	1103	1006	1332
8	天津海关	165	446	794	994	919	882	1288
9	厦门海关	86	281	531	788	904	896	1181
10	杭州海关	12	51	258	570	703	758	1054
11	成都海关	4	5	39	173	420	565	691
12	郑州海关	1	5	11	323	433	513	677
13	重庆海关	5	16	48	340	465	512	675
14	南宁海关	11	23	99	315	398	470	609
15	大连海关	124	261	460	533	554	457	580
16	拱北海关	71	222	397	499	393	378	432
17	济南海关	–	–	–	186	236	278	416
18	北京海关	46	174	253	269	221	229	403
19	西安海关	2	4	23	104	222	269	380
20	武汉海关	7	19	63	139	148	184	268
21	乌鲁木齐海关	7	53	159	182	261	169	238
22	福州海关	39	66	112	200	172	169	222
23	合肥海关	3	6	18	97	131	150	185
24	江门海关	31	63	95	124	132	120	143
25	长沙海关	3	9	25	63	134	155	138
26	南昌海关	1	5	36	57	88	110	130
27	昆明海关	5	13	35	76	124	136	122
28	汕头海关	34	53	91	118	119	95	122
29	石家庄海关	15	48	54	109	75	75	120
30	湛江海关	9	20	31	38	43	31	46
31	海口海关	4	7	20	41	46	35	43
32	沈阳海关	6	14	21	26	31	30	39
33	呼和浩特海关	1	6	14	16	22	21	33
34	太原海关	4	9	1	1	3	6	30
35	哈尔滨海关	5	39	42	32	24	21	30
36	满洲里海关	2	4	9	17	23	18	28
37	长春海关	2	7	11	14	19	13	18
38	贵阳海关	1	1	1	25	17	8	14
39	银川海关	0	0	0	2	6	1	4
40	拉萨海关	0	1	5	5	6	2	4
41	兰州海关	0	1	0	2	2	1	2
42	西宁海关	0	2	0	0	0	0	0

注：1. 按 2021 年总额降序排列。

2. 济南海关成立于 2013 年。

二、贸易伙伴

与主要国家（地区）进出口总额（人民币）

单位：亿元

序　号	国家（地区）	2000 年	2005 年	2010 年	2015 年	2020 年
	总　额	**39273**	**116922**	**201722**	**245503**	**322215**
1	美国	6148	17391	26142	34585	40615
2	日本	6877	15184	20200	17297	21956
3	韩国	2851	9205	14051	17136	19766
4	中国香港	4462	11218	15623	21360	19306
5	中国台湾	2525	7494	9863	11683	18023
6	德国	1627	5206	9658	9741	13281
7	澳大利亚	698	2242	5991	7065	11861
8	越南	203	674	2039	5963	13283
9	马来西亚	665	2523	5036	6034	9093
10	巴西	235	1219	4246	4432	8347
11	中国	594	4525	7244	8914	8668
12	俄罗斯	660	2392	3767	4225	7495
13	泰国	548	1793	3590	4686	6835
14	印度	241	1539	4191	4442	6066
15	印度尼西亚	614	1381	2899	3363	5432
16	荷兰	654	2368	3811	4239	6352
17	英国	814	2015	3396	4875	6400
18	新加坡	893	2725	3873	4936	6180
19	沙特阿拉伯	256	1322	2930	3199	4650
20	墨西哥	151	638	1679	2720	4227
21	法国	634	1698	3038	3195	4610
22	菲律宾	259	1443	1883	2835	4234
23	加拿大	571	1577	2519	3454	4447
24	意大利	569	1533	3062	2773	3818
25	阿联酋	206	886	1743	3011	3419
26	智利	175	587	1762	1971	3133
27	南非	169	598	1741	2863	2492
28	西班牙	226	866	1657	1703	2626
29	瑞士	181	480	1362	2761	1553
30	波兰	79	259	756	1061	2150
	*欧盟	5699	17878	32541	35073	44948
	*东盟	3260	10717	19863	29298	47406

与主要国家（地区）进出口总额（人民币）

续表

序 号	国家（地区）	2017 年	2018 年	2019 年	2020 年	2021 年
	总　额	**278099**	**305008**	**315627**	**322215**	**391009**
1	美国	39531	41798	37330	40615	48827
2	日本	20510	21618	21711	21956	24020
3	韩国	18978	20667	19605	19766	23407
4	中国香港	19385	20527	19881	19306	23268
5	中国台湾	13528	14926	15735	18023	21208
6	德国	11362	12134	12741	13281	15196
7	澳大利亚	9247	10095	11681	11861	14947
8	越南	8241	9773	11182	13283	14878
9	马来西亚	6511	7163	8557	9093	11420
10	巴西	5953	7336	7965	8347	10602
11	中国	8958	9647	8950	8668	10131
12	俄罗斯	5705	7079	7652	7495	9487
13	泰国	5428	5769	6326	6835	8477
14	印度	5721	6293	6395	6066	8121
15	印度尼西亚	4288	5100	5503	5432	8038
16	荷兰	5305	5625	5878	6352	7523
17	英国	5354	5316	5958	6400	7281
18	新加坡	5368	5452	6211	6180	6078
19	沙特阿拉伯	3399	4184	5383	4650	5641
20	墨西哥	3231	3832	4187	4227	5595
21	法国	3684	4159	4522	4610	5497
22	菲律宾	3475	3670	4204	4234	5301
23	加拿大	3511	4192	4483	4447	5292
24	意大利	3362	3578	3787	3818	4779
25	阿联酋	2782	3034	3363	3419	4673
26	智利	2410	2810	2822	3133	4254
27	南非	2655	2869	2926	2492	3513
28	西班牙	2095	2223	2447	2626	3129
29	瑞士	2443	2791	2192	1553	2848
30	波兰	1437	1620	1919	2150	2723
	*欧盟	41747	45029	48637	44948	53512
	*东盟	34888	38770	44268	47406	56743

注：1. 按 2021 年总额降序排列，取前 30 名国家（地区）数据。

2. 2020 年 1 月英国脱离欧盟，自 2020 年起，欧盟不包含英国数据。

3. 带“*”数据不参与排序。

与主要国家（地区）进出口总额（美元）

单位：亿美元

序　号	国家（地区）	2000 年	2005 年	2010 年	2015 年	2020 年
	总　额	**4743**	**14219**	**29740**	**39530**	**46559**
1	美国	742	2115	3854	5570	5870
2	日本	830	1844	2978	2785	3173
3	韩国	344	1119	2071	2758	2856
4	中国香港	539	1367	2306	3432	2796
5	中国台湾	305	912	1454	1881	2606
6	德国	196	633	1423	1568	1919
7	澳大利亚	84	273	883	1138	1712
8	越南	24	82	301	959	1923
9	马来西亚	80	307	742	973	1315
10	巴西	28	148	626	715	1205
11	中国	72	552	1069	1434	1253
12	俄罗斯	80	291	555	680	1082
13	泰国	66	218	529	755	987
14	印度	29	187	618	716	877
15	印度尼西亚	74	168	428	542	785
16	荷兰	79	288	562	682	918
17	英国	98	245	501	785	924
18	新加坡	108	331	571	795	892
19	沙特阿拉伯	31	161	432	516	672
20	墨西哥	18	78	248	438	610
21	法国	76	206	448	514	667
22	菲律宾	31	176	278	456	612
23	加拿大	69	192	371	557	642
24	意大利	69	186	451	447	552
25	阿联酋	25	108	257	485	494
26	智利	21	71	260	318	453
27	南非	20	73	257	460	361
28	西班牙	27	105	244	274	379
29	瑞士	22	58	201	443	224
30	波兰	10	32	111	171	311
	* 欧盟	690	2173	4796	5646	6494
	* 东盟	394	1304	2929	4718	6853

与主要国家（地区）进出口总额（美元）

续表

序　号	国家(地区)	2017 年	2018 年	2019 年	2020 年	2021 年
	总　额	**41071**	**46224**	**45779**	**46559**	**60515**
1	美国	5837	6335	5416	5870	7556
2	日本	3031	3277	3150	3173	3714
3	韩国	2803	3134	2845	2856	3624
4	中国香港	2865	3105	2882	2796	3603
5	中国台湾	1999	2262	2281	2606	3283
6	德国	1681	1838	1849	1919	2351
7	澳大利亚	1364	1531	1695	1712	2312
8	越南	1220	1478	1620	1923	2302
9	马来西亚	961	1086	1241	1315	1768
10	巴西	878	1112	1155	1205	1641
11	中国	1324	1462	1298	1253	1568
12	俄罗斯	842	1071	1109	1082	1469
13	泰国	801	875	917	987	1312
14	印度	844	955	928	877	1257
15	印度尼西亚	633	773	798	785	1244
16	荷兰	784	852	852	918	1165
17	英国	790	804	864	924	1127
18	新加坡	793	828	900	892	941
19	沙特阿拉伯	501	633	781	672	873
20	墨西哥	477	580	607	610	866
21	法国	545	629	656	667	851
22	菲律宾	513	556	610	612	821
23	加拿大	518	635	651	642	819
24	意大利	497	542	549	552	740
25	阿联酋	410	459	487	494	724
26	智利	356	426	409	453	658
27	南非	392	435	425	361	543
28	西班牙	309	337	355	379	484
29	瑞士	361	425	318	224	441
30	波兰	212	245	278	311	421
	*欧盟	6170	6820	7054	6494	8281
	*东盟	5154	5876	6417	6853	8782

注：1. 按 2021 年总额降序排列，取前 30 名国家(地区)数据。

2. 2020 年 1 月英国脱离欧盟，自 2020 年起，欧盟不包含英国数据。

3. 带“*”数据不参与排序。

自主要国家（地区）进口总额（人民币）

单位：亿元

序　号	国家（地区）	2000 年	2005 年	2010 年	2015 年	2020 年
	总　额	**18639**	**54274**	**94700**	**104336**	**142936**
1	中国台湾	2109	6133	7850	8898	13862
2	韩国	1917	6316	9385	10846	11981
3	日本	3434	8267	11989	8876	12076
4	美国	1841	4000	6924	9181	9342
5	澳大利亚	415	1333	4145	4561	8160
6	中国	594	4525	7244	8914	8668
7	德国	861	2531	5040	5448	7268
8	巴西	134	822	2586	2736	5931
9	马来西亚	453	1651	3421	3308	5201
10	越南	76	210	473	1862	5414
11	俄罗斯	476	1307	1759	2065	3995
12	印度尼西亚	361	694	1410	1234	2594
13	泰国	363	1150	2251	2308	3335
14	沙特阿拉伯	162	1007	2226	1860	2702
15	智利	110	411	1218	1146	2072
16	法国	327	741	1162	1535	2048
17	新加坡	419	1358	1677	1711	2190
18	瑞士	120	319	1155	2564	1203
19	南非	85	283	1009	1879	1437
20	加拿大	310	618	1012	1629	1530
21	意大利	255	571	951	1045	1536
22	阿曼	268	340	663	933	1083
23	阿联酋	34	168	302	715	1182
24	印度	112	804	1415	830	1454
25	伊拉克	54	34	425	785	1339
26	英国	293	454	767	1174	1378
27	菲律宾	139	1057	1100	1177	1337
28	秘鲁	46	187	433	494	1017
29	安哥拉	151	541	1550	991	1021
30	墨西哥	40	183	467	623	1122
	＊欧盟	2545	6059	11425	12980	17870
	＊东盟	1830	6163	10490	12084	20858

自主要国家（地区）进口总额（人民币）

续表

序　号	国家(地区)	2017年	2018年	2019年	2020年	2021年
	总　额	**124790**	**140880**	**143254**	**142936**	**173661**
1	中国台湾	10550	11714	11935	13862	16146
2	韩国	12016	13496	11959	11981	13791
3	日本	11213	11911	11838	12076	13298
4	美国	10430	10197	8466	9342	11603
5	澳大利亚	6441	6969	8352	8160	10656
6	中国	8958	9647	8950	8668	10131
7	德国	6544	7018	7240	7268	7753
8	巴西	3992	5123	5513	5931	7138
9	马来西亚	3686	4170	4960	5201	6334
10	越南	3395	4230	4432	5414	5965
11	俄罗斯	2803	3913	4217	3995	5122
12	印度尼西亚	1933	2248	2352	2594	4118
13	泰国	2816	2942	3181	3335	3995
14	沙特阿拉伯	2151	3035	3737	2702	3681
15	智利	1433	1763	1808	2072	2554
16	法国	1810	2136	2247	2048	2529
17	新加坡	2318	2222	2428	2190	2506
18	瑞士	2229	2524	1879	1203	2446
19	南非	1652	1798	1786	1437	2147
20	加拿大	1385	1869	1937	1530	1963
21	意大利	1384	1389	1477	1536	1960
22	阿曼	908	1249	1355	1083	1845
23	阿联酋	834	1077	1057	1182	1842
24	印度	1107	1242	1239	1454	1819
25	伊拉克	936	1490	1651	1339	1719
26	英国	1511	1578	1650	1378	1657
27	菲律宾	1302	1359	1392	1337	1598
28	秘鲁	906	983	1046	1017	1552
29	安哥拉	1404	1705	1640	1021	1347
30	墨西哥	799	926	989	1122	1238
	*欧盟	16549	18064	19066	17870	20028
	*东盟	15959	17721	19465	20858	25489

注：1. 按2021年总额降序排列，取前30名国家(地区)数据。
2. 2020年1月英国脱离欧盟，自2020年起，欧盟不包含英国数据。
3. 带“*”数据不参与排序。

自主要国家（地区）进口总额（美元）

单位：亿美元

序号	国家（地区）	2000年	2005年	2010年	2015年	2020年
	总　额	**2251**	**6600**	**13962**	**16796**	**20660**
1	中国台湾	255	747	1157	1432	2005
2	韩国	232	768	1383	1745	1731
3	日本	415	1004	1767	1429	1747
4	美国	224	486	1021	1478	1353
5	澳大利亚	50	162	611	735	1177
6	中国	72	552	1069	1434	1253
7	德国	104	307	743	876	1051
8	巴西	16	100	381	441	855
9	马来西亚	55	201	504	533	752
10	越南	9	26	70	298	785
11	俄罗斯	58	159	259	333	577
12	印度尼西亚	44	84	208	199	375
13	泰国	44	140	332	372	481
14	沙特阿拉伯	20	122	328	300	391
15	智利	13	50	180	185	299
16	法国	39	90	171	247	297
17	新加坡	51	165	247	276	316
18	瑞士	15	39	170	411	174
19	南非	10	34	149	302	208
20	加拿大	38	75	149	262	221
21	意大利	31	69	140	168	222
22	阿曼	33	41	98	150	157
23	阿联酋	4	20	45	115	171
24	印度	14	98	208	134	210
25	伊拉克	6	4	63	127	193
26	英国	36	55	113	189	199
27	菲律宾	17	129	162	190	193
28	秘鲁	6	23	64	79	147
29	安哥拉	18	66	228	160	148
30	墨西哥	5	22	69	100	162
	*欧盟	308	736	1684	2088	2585
	*东盟	221	750	1547	1945	3016

自主要国家（地区）进口总额（美元）

续表

序　号	国家(地区)	2017 年	2018 年	2019 年	2020 年	2021 年
	总　额	**18438**	**21357**	**20784**	**20660**	**26875**
1	中国台湾	1560	1776	1730	2005	2500
2	韩国	1776	2046	1736	1731	2135
3	日本	1658	1807	1718	1747	2056
4	美国	1539	1551	1229	1353	1795
5	澳大利亚	950	1058	1213	1177	1648
6	中国	1324	1462	1298	1253	1568
7	德国	969	1063	1051	1051	1199
8	巴西	589	776	800	855	1104
9	马来西亚	544	632	719	752	981
10	越南	504	640	641	785	923
11	俄罗斯	414	591	612	577	793
12	印度尼西亚	286	341	341	375	638
13	泰国	416	446	462	481	618
14	沙特阿拉伯	318	459	542	391	570
15	智利	212	267	262	299	395
16	法国	268	322	326	297	391
17	新加坡	342	337	352	316	388
18	瑞士	329	385	273	174	379
19	南非	244	273	259	208	332
20	加拿大	204	284	282	221	304
21	意大利	205	211	214	222	303
22	阿曼	134	189	197	157	286
23	阿联酋	123	162	153	171	285
24	印度	163	188	180	210	281
25	伊拉克	138	225	239	193	266
26	英国	223	239	239	199	256
27	菲律宾	192	206	202	193	247
28	秘鲁	134	149	152	147	240
29	安哥拉	207	258	238	148	209
30	墨西哥	118	140	143	162	192
	*欧盟	2450	2735	2766	2585	3099
	*东盟	2360	2686	2822	3016	3945

注：1. 按 2021 年总额降序排列，取前 30 名国家（地区）数据。

2. 2020 年 1 月英国脱离欧盟，自 2020 年起，欧盟不包含英国数据。

3. 带“*”数据不参与排序。

对主要国家（地区）出口总额（人民币）

单位：亿元

序　号	国家（地区）	2000 年	2005 年	2010 年	2015 年	2020 年
	总　额	**20634**	**62648**	**107023**	**141167**	**179279**
1	美国	4307	13392	19218	25404	31273
2	中国香港	3678	10213	14791	20565	18824
3	日本	3444	6917	8211	8421	9880
4	韩国	933	2889	4666	6290	7785
5	越南	127	464	1566	4101	7869
6	德国	767	2675	4618	4293	6013
7	荷兰	552	2127	3372	3693	5468
8	印度	129	735	2776	3612	4613
9	英国	522	1561	2630	3701	5023
10	马来西亚	212	872	1615	2726	3893
11	中国台湾	416	1361	2013	2785	4161
12	泰国	186	643	1339	2378	3500
13	俄罗斯	184	1085	2008	2159	3501
14	墨西哥	110	455	1213	2096	3105
15	澳大利亚	284	910	1846	2504	3701
16	印度尼西亚	253	688	1489	2129	2838
17	菲律宾	121	386	783	1657	2898
18	新加坡	475	1367	2196	3225	3990
19	巴西	101	397	1660	1696	2416
20	加拿大	261	958	1508	1825	2917
21	法国	307	957	1876	1660	2561
22	阿联酋	171	718	1441	2296	2237
23	意大利	314	962	2112	1728	2282
24	波兰	71	214	641	891	1851
25	西班牙	175	695	1234	1356	1907
26	比利时	189	637	970	1005	1437
27	沙特阿拉伯	94	315	704	1339	1948
28	土耳其	89	350	810	1153	1409
29	智利	65	177	545	825	1061
30	巴基斯坦	56	281	533	1022	1063
	＊欧盟	3154	11819	21116	22093	27078
	＊东盟	1430	4554	9373	17214	26547

对主要国家（地区）出口总额（人民币）

续表

序　号	国家（地区）	2017 年	2018 年	2019 年	2020 年	2021 年
	总　额	**153310**	**164128**	**172374**	**179279**	**217348**
1	美国	29101	31601	28864	31273	37224
2	中国香港	18890	19963	19257	18824	22641
3	日本	9297	9707	9873	9880	10722
4	韩国	6961	7172	7646	7785	9617
5	越南	4845	5542	6750	7869	8914
6	德国	4818	5115	5501	6013	7443
7	荷兰	4543	4810	5105	5468	6618
8	印度	4613	5052	5156	4613	6302
9	英国	3843	3738	4308	5023	5624
10	马来西亚	2825	2994	3596	3893	5086
11	中国台湾	2978	3212	3801	4161	5063
12	泰国	2611	2827	3145	3500	4482
13	俄罗斯	2901	3166	3434	3501	4364
14	墨西哥	2432	2905	3199	3105	4357
15	澳大利亚	2805	3126	3329	3701	4291
16	印度尼西亚	2355	2852	3151	2838	3921
17	菲律宾	2173	2310	2812	2898	3704
18	新加坡	3050	3231	3783	3990	3572
19	巴西	1961	2214	2453	2416	3464
20	加拿大	2126	2323	2547	2917	3329
21	法国	1874	2023	2275	2561	2968
22	阿联酋	1948	1957	2306	2237	2831
23	意大利	1979	2188	2310	2282	2819
24	波兰	1210	1379	1647	1851	2364
25	西班牙	1553	1646	1854	1907	2334
26	比利时	1067	1123	1257	1437	1963
27	沙特阿拉伯	1248	1149	1646	1948	1960
28	土耳其	1228	1165	1195	1409	1885
29	智利	977	1047	1014	1061	1699
30	巴基斯坦	1238	1114	1116	1063	1566
	*欧盟	25198	26966	29571	27078	33483
	*东盟	18928	21049	24803	26547	31255

注：1. 按 2021 年总额降序排列，取前 30 名国家（地区）数据。

2. 2020 年 1 月英国脱离欧盟，自 2020 年起，欧盟不包含英国数据。

3. 带“*”数据不参与排序。

对主要国家（地区）出口总额（美元）

单位：亿美元

序　号	国家（地区）	2000年	2005年	2010年	2015年	2020年
	总　额	**2492**	**7620**	**15778**	**22735**	**25900**
1	美国	521	1629	2833	4092	4518
2	中国香港	444	1245	2183	3305	2726
3	日本	417	840	1210	1356	1426
4	韩国	113	351	688	1013	1125
5	越南	15	56	231	660	1138
6	德国	93	325	680	692	868
7	荷兰	67	259	497	595	790
8	印度	16	89	409	582	667
9	英国	63	190	388	596	726
10	马来西亚	26	106	238	440	563
11	中国台湾	50	165	297	449	601
12	泰国	22	78	197	383	505
13	俄罗斯	22	132	296	348	505
14	墨西哥	13	55	179	338	448
15	澳大利亚	34	111	272	403	535
16	印度尼西亚	31	84	220	343	410
17	菲律宾	15	47	115	267	419
18	新加坡	58	166	323	519	576
19	巴西	12	48	245	274	350
20	加拿大	32	117	222	294	421
21	法国	37	116	277	267	370
22	阿联酋	21	87	212	370	323
23	意大利	38	117	311	278	329
24	波兰	9	26	94	143	267
25	西班牙	21	84	182	219	275
26	比利时	23	77	143	162	208
27	沙特阿拉伯	11	38	104	216	281
28	土耳其	11	43	119	186	203
29	智利	8	21	80	133	153
30	巴基斯坦	7	34	79	164	154
	* 欧盟	382	1437	3112	3558	3909
	* 东盟	173	554	1382	2773	3837

对主要国家（地区）出口总额（美元）

续表

序　号	国家（地区）	2017 年	2018 年	2019 年	2020 年	2021 年
	总　额	**22633**	**24867**	**24995**	**25900**	**33640**
1	美国	4297	4784	4187	4518	5761
2	中国香港	2792	3020	2792	2726	3506
3	日本	1373	1470	1432	1426	1658
4	韩国	1027	1088	1110	1125	1489
5	越南	716	839	979	1138	1379
6	德国	711	775	798	868	1152
7	荷兰	671	728	740	790	1024
8	印度	680	767	748	667	975
9	英国	567	565	624	726	870
10	马来西亚	417	454	521	563	787
11	中国台湾	440	486	551	601	784
12	泰国	385	429	456	505	694
13	俄罗斯	428	480	497	505	676
14	墨西哥	359	440	464	448	674
15	澳大利亚	414	473	482	535	664
16	印度尼西亚	348	432	456	410	607
17	菲律宾	321	350	408	419	573
18	新加坡	450	490	548	576	553
19	巴西	290	337	355	350	536
20	加拿大	314	352	369	421	515
21	法国	277	307	330	370	459
22	阿联酋	287	297	334	323	438
23	意大利	292	332	335	329	436
24	波兰	179	209	239	267	366
25	西班牙	229	250	269	275	361
26	比利时	157	171	182	208	304
27	沙特阿拉伯	184	174	239	281	303
28	土耳其	181	178	173	203	292
29	智利	144	159	147	153	263
30	巴基斯坦	183	169	162	154	242
	* 欧盟	3720	4085	4288	3909	5182
	* 东盟	2795	3190	3595	3837	4837

注：1. 按 2021 年总额降序排列，取前 30 名国家（地区）数据。

2. 2020 年 1 月英国脱离欧盟，自 2020 年起，欧盟不包含英国数据。

3. 带“*”数据不参与排序。

与欧盟国家进出口总额（人民币）

单位：亿元

序号	国家	2000年	2005年	2010年	2015年	2019年	2020年	2021年
	总　额	**5699**	**17878**	**32541**	**35073**	**48637**	**44948**	**53512**
1	德国	1627	5206	9658	9741	12741	13281	15196
2	荷兰	654	2368	3811	4239	5878	6352	7523
3	法国	634	1698	3038	3195	4522	4610	5497
4	意大利	569	1533	3062	2773	3787	3818	4779
5	西班牙	226	866	1657	1703	2447	2626	3129
6	波兰	–	259	756	1061	1919	2150	2723
7	比利时	304	966	1502	1440	1731	1978	2517
8	爱尔兰	59	379	367	442	1153	1249	1482
9	捷克	–	168	600	685	1215	1305	1367
10	瑞典	288	469	788	839	1218	1241	1353
11	丹麦	110	328	531	636	807	934	1153
12	匈牙利	–	235	592	502	704	810	1016
13	奥地利	65	205	413	464	736	695	890
14	希腊	52	167	296	245	583	541	785
15	斯洛伐克	–	40	254	313	612	655	782
16	罗马尼亚	–	–	255	277	476	538	660
17	芬兰	264	514	645	436	531	495	590
18	葡萄牙	25	102	222	270	461	482	569
19	斯洛文尼亚	–	27	106	148	271	274	387
20	保加利亚	–	–	67	111	187	202	265
21	马耳他	–	44	164	175	105	122	178
22	立陶宛	–	31	69	84	147	159	170
23	克罗地亚	–	–	–	68	106	118	150
24	卢森堡	8	180	85	164	126	85	120
25	拉脱维亚	–	24	57	72	89	87	90
26	爱沙尼亚	–	30	58	74	84	79	83
27	塞浦路斯	–	24	93	40	44	64	58
28	英国	814	2015	3396	4875	5958	–	–

注：1. 按2021年总额降序排列。
2. 2020年1月英国脱离欧盟，自2020年起，欧盟不包含英国数据。

与欧盟国家进出口总额（美元）

单位：亿美元

序　号	国　家	2000 年	2005 年	2010 年	2015 年	2019 年	2020 年	2021 年
	总　额	**690**	**2173**	**4796**	**5646**	**7054**	**6494**	**8281**
1	德国	196	633	1423	1568	1849	1919	2351
2	荷兰	79	288	562	682	852	918	1165
3	法国	76	206	448	514	656	667	851
4	意大利	69	186	451	447	549	552	740
5	西班牙	27	105	244	274	355	379	484
6	波兰	–	32	111	171	278	311	421
7	比利时	37	117	221	232	251	286	390
8	爱尔兰	7	46	54	71	167	180	229
9	捷克	–	20	88	110	176	189	212
10	瑞典	35	57	116	135	177	179	209
11	丹麦	13	40	78	102	117	135	178
12	匈牙利	–	29	87	81	102	117	157
13	奥地利	8	25	61	75	107	100	138
14	希腊	6	20	43	40	85	78	122
15	斯洛伐克	–	5	37	50	89	95	121
16	罗马尼亚	–	–	38	45	69	78	102
17	芬兰	32	63	95	70	77	71	91
18	葡萄牙	3	12	33	44	67	70	88
19	斯洛文尼亚	–	3	16	24	39	40	60
20	保加利亚	–	–	10	18	27	29	41
21	马耳他	–	5	24	28	15	18	28
22	立陶宛	–	4	10	13	21	23	26
23	克罗地亚	–	–	–	11	15	17	23
24	卢森堡	1	22	12	26	18	12	19
25	拉脱维亚	–	3	8	12	13	13	14
26	爱沙尼亚	–	4	9	12	12	11	13
27	塞浦路斯	–	3	14	6	6	9	9
28	英国	98	245	501	785	864	–	–

注：1. 按 2021 年总额降序排列。

2. 2020 年 1 月英国脱离欧盟，自 2020 年起，欧盟不包含英国数据。

自欧盟国家进口总额（人民币）

单位：亿元

序　号	国　家	2000 年	2005 年	2010 年	2015 年	2019 年	2020 年	2021 年
	总　额	**2545**	**6059**	**11425**	**12980**	**19066**	**17870**	**20028**
1	德国	861	2531	5040	5448	7240	7268	7753
2	法国	327	741	1162	1535	2247	2048	2529
3	意大利	255	571	951	1045	1477	1536	1960
4	爱尔兰	31	117	232	267	926	972	1138
5	荷兰	102	241	439	546	773	884	905
6	西班牙	51	171	423	347	593	718	794
7	瑞典	219	257	400	399	630	660	640
8	比利时	115	330	532	435	474	541	554
9	奥地利	39	133	287	309	525	459	544
10	斯洛伐克	–	15	121	139	410	445	488
11	丹麦	46	98	180	254	342	416	451
12	捷克	–	31	117	173	319	355	391
13	匈牙利	–	30	149	179	258	296	360
14	波兰	–	46	115	170	272	299	358
15	芬兰	195	216	272	216	321	290	344
16	罗马尼亚	–	–	51	80	160	182	227
17	葡萄牙	4	27	51	91	160	192	224
18	保加利亚	–	–	22	46	80	95	116
19	希腊	4	7	27	18	50	53	63
20	斯洛文尼亚	–	5	12	18	36	35	41
21	马耳他	–	20	39	27	25	27	36
22	立陶宛	–	1	3	9	30	34	28
23	卢森堡	4	12	18	19	19	19	27
24	克罗地亚	–	–	–	7	10	10	22
25	爱沙尼亚	–	5	12	15	21	19	18
26	拉脱维亚	–	1	3	9	13	14	15
27	塞浦路斯	–	0	1	3	4	2	2
28	英国	293	454	767	1174	1650	–	–

注．1．按 2021 年总额降序排列。

2．2020 年 1 月英国脱离欧盟，自 2020 年起，欧盟不包含英国数据。

自欧盟国家进口总额（美元）

单位：亿美元

序　号	国　家	2000 年	2005 年	2010 年	2015 年	2019 年	2020 年	2021 年
	总　额	**308**	**736**	**1684**	**2088**	**2766**	**2585**	**3099**
1	德国	104	307	743	876	1051	1051	1199
2	法国	39	90	171	247	326	297	391
3	意大利	31	69	140	168	214	222	303
4	爱尔兰	4	14	34	43	135	140	176
5	荷兰	12	29	65	88	112	128	140
6	西班牙	6	21	62	56	86	104	123
7	瑞典	26	31	59	64	91	95	99
8	比利时	14	40	78	70	69	78	86
9	奥地利	5	16	42	50	76	66	84
10	斯洛伐克	–	2	18	22	60	64	75
11	丹麦	6	12	26	41	50	60	70
12	捷克	–	4	17	28	46	51	61
13	匈牙利	–	4	22	29	37	43	56
14	波兰	–	6	17	27	39	43	55
15	芬兰	24	26	40	35	47	42	53
16	罗马尼亚	–	–	8	13	23	26	35
17	葡萄牙	0	3	8	15	23	28	35
18	保加利亚	–	–	3	7	12	14	18
19	希腊	0	1	4	3	7	8	10
20	斯洛文尼亚	–	1	2	3	5	5	6
21	马耳他	–	2	6	4	4	4	6
22	立陶宛	–	0	0	1	4	5	4
23	卢森堡	0	2	3	3	3	3	4
24	克罗地亚	–	–	–	1	1	1	3
25	爱沙尼亚	–	1	2	2	3	3	3
26	拉脱维亚	–	0	0	1	2	2	2
27	塞浦路斯	–	0	0	0	1	0	0
28	英国	35	55	113	189	239	–	–

注：1. 按 2021 年总额降序排列。

2. 2020 年 1 月英国脱离欧盟，自 2020 年起，欧盟不包含英国数据。

对欧盟国家出口总额（人民币）

单位：亿元

序　号	国　家	2000 年	2005 年	2010 年	2015 年	2019 年	2020 年	2021 年
	总　额	**3154**	**11819**	**21116**	**22093**	**29571**	**27078**	**33483**
1	德国	767	2675	4618	4293	5501	6013	7443
2	荷兰	552	2127	3372	3693	5105	5468	6618
3	法国	307	957	1876	1660	2275	2561	2968
4	意大利	314	962	2112	1728	2310	2282	2819
5	波兰	–	214	641	891	1647	1851	2364
6	西班牙	175	695	1234	1356	1854	1907	2334
7	比利时	189	637	970	1005	1257	1437	1963
8	捷克	–	137	483	512	896	950	976
9	希腊	48	159	269	228	533	488	722
10	瑞典	69	212	387	440	588	581	713
11	丹麦	65	230	352	381	465	518	702
12	匈牙利	–	205	442	323	446	514	656
13	罗马尼亚	–	–	204	196	315	355	434
14	斯洛文尼亚	5	22	94	130	235	239	346
15	葡萄牙	22	75	171	180	301	290	346
16	奥地利	26	73	126	155	210	236	346
17	爱尔兰	28	262	135	175	227	277	344
18	斯洛伐克	–	25	133	174	202	210	294
19	芬兰	69	298	373	220	210	205	246
20	保加利亚	–	–	45	65	107	107	149
21	马耳他	–	25	125	148	80	95	142
22	立陶宛	–	30	67	75	117	125	142
23	克罗地亚	–	–	–	61	96	109	128
24	卢森堡	4	168	67	144	106	66	93
25	拉脱维亚	–	23	54	63	75	73	74
26	爱沙尼亚	–	26	46	59	63	60	65
27	塞浦路斯	–	24	91	37	40	62	56
28	英国	522	1561	2630	3701	4308	–	–

注：1. 按 2021 年总额降序排列。
　　2. 2020 年 1 月英国脱离欧盟，自 2020 年起，欧盟不包含英国数据。

对欧盟国家出口总额（美元）

单位：亿美元

序　号	国　家	2000 年	2005 年	2010 年	2015 年	2019 年	2020 年	2021 年
	总　额	**382**	**1437**	**3112**	**3558**	**4288**	**3909**	**5182**
1	德国	93	325	680	692	798	868	1152
2	荷兰	67	259	497	595	740	790	1024
3	法国	37	116	277	267	330	370	459
4	意大利	38	117	311	278	335	329	436
6	波兰	–	26	94	143	239	267	366
5	西班牙	21	84	182	219	269	275	361
7	比利时	23	77	143	162	182	208	304
8	捷克	–	17	71	82	130	137	151
9	希腊	6	19	40	37	77	70	112
10	瑞典	8	26	57	71	85	84	110
11	丹麦	8	28	52	62	67	75	109
12	匈牙利	–	25	65	52	65	74	101
13	罗马尼亚	–	–	30	32	46	51	67
14	斯洛文尼亚	–	3	14	21	34	35	54
15	葡萄牙	3	9	25	29	44	42	54
16	奥地利	3	9	19	25	30	34	53
17	爱尔兰	3	32	20	28	33	40	53
18	斯洛伐克	–	3	20	28	29	30	45
19	芬兰	8	36	55	35	30	29	38
20	保加利亚	–	–	7	10	16	15	23
21	马耳他	–	3	18	24	12	14	22
22	立陶宛	–	4	10	12	17	18	22
23	克罗地亚	–	–	–	10	14	16	20
24	卢森堡	1	20	10	23	16	9	14
25	拉脱维亚	–	3	8	10	11	11	11
26	爱沙尼亚	–	3	7	10	9	9	10
27	塞浦路斯	–	3	13	6	6	9	9
28	英国	63	190	388	596	624	–	–

注：1. 按 2021 年总额降序排列。

2. 2020 年 1 月英国脱离欧盟，自 2020 年起，欧盟不包含英国数据。

与东盟国家进出口总额（人民币）

单位：亿元

序号	国家	2000年	2005年	2010年	2015年	2019年	2020年	2021年
	总 额	**3260**	**10717**	**19863**	**29298**	**44268**	**47406**	**56743**
1	越南	203	674	2039	5963	11182	13283	14878
2	马来西亚	665	2523	5036	6034	8557	9093	11420
3	泰国	548	1793	3590	4686	6326	6835	8477
4	印度尼西亚	614	1381	2899	3363	5503	5432	8038
5	新加坡	893	2725	3873	4936	6211	6180	6078
6	菲律宾	259	1443	1883	2835	4204	4234	5301
7	缅甸	50	99	301	939	1289	1306	1202
8	柬埔寨	18	46	98	275	650	661	883
9	老挝	3	11	74	172	270	248	281
10	文莱	6	22	70	93	76	135	184

注：按2021年总额降序排列。

与东盟国家进出口总额（美元）

单位：亿美元

序　号	国　家	2000 年	2005 年	2010 年	2015 年	2019 年	2020 年	2021 年
	总　额	**394**	**1304**	**2929**	**4718**	**6417**	**6853**	**8782**
1	越南	24	82	301	959	1620	1923	2302
2	马来西亚	80	307	742	973	1241	1315	1768
3	泰国	66	218	529	755	917	987	1312
4	印度尼西亚	74	168	428	542	798	785	1244
5	新加坡	108	331	571	795	900	892	941
6	菲律宾	31	176	278	456	610	612	821
7	缅甸	6	12	44	151	187	189	186
8	柬埔寨	2	6	14	44	94	96	137
9	老挝	0	1	11	28	39	36	43
10	文莱	1	3	10	15	11	19	28

注：按 2021 年总额降序排列。

自东盟国家进口总额（人民币）

单位：亿元

序　号	国　家	2000 年	2005 年	2010 年	2015 年	2019 年	2020 年	2021 年
	总　额	**1830**	**6163**	**10490**	**12084**	**19465**	**20858**	**25489**
1	马来西亚	453	1651	3421	3308	4960	5201	6334
2	越南	76	210	473	1862	4432	5414	5965
3	印度尼西亚	361	694	1410	1234	2352	2594	4118
4	泰国	363	1150	2251	2308	3181	3335	3995
5	新加坡	419	1358	1677	1711	2428	2190	2506
6	菲律宾	139	1057	1100	1177	1392	1337	1598
7	缅甸	10	23	65	340	440	439	521
8	老挝	1	2	41	96	149	144	173
9	文莱	5	17	45	6	31	102	143
10	柬埔寨	5	2	6	41	99	103	136

注：按 2021 年总额降序排列。

自东盟国家进口总额（美元）

单位：亿美元

序号	国家	2000年	2005年	2010年	2015年	2019年	2020年	2021年
	总额	**221**	**750**	**1547**	**1945**	**2822**	**3016**	**3945**
1	马来西亚	55	201	504	533	719	752	981
2	越南	9	26	70	298	641	785	923
3	印度尼西亚	44	84	208	199	341	375	638
4	泰国	44	140	332	372	462	481	618
5	新加坡	51	165	247	276	352	316	388
6	菲律宾	17	129	162	190	202	193	247
7	缅甸	1	3	10	54	64	63	81
8	老挝	0	0	6	15	22	21	27
9	文莱	1	2	7	1	5	15	22
10	柬埔寨	1	0	1	7	14	15	21

注：按2021年总额降序排列。

对东盟国家出口总额（人民币）

单位：亿元

序　号	国　家	2000 年	2005 年	2010 年	2015 年	2019 年	2020 年	2021 年
	总　额	**1430**	**4554**	**9373**	**17214**	**24803**	**26547**	**31255**
1	越南	127	464	1566	4101	6750	7869	8914
2	马来西亚	212	872	1615	2726	3596	3893	5086
3	泰国	186	643	1339	2378	3145	3500	4482
4	印度尼西亚	253	688	1489	2129	3151	2838	3921
5	菲律宾	121	386	783	1657	2812	2898	3704
6	新加坡	475	1367	2196	3225	3783	3990	3572
7	柬埔寨	13	44	91	234	550	558	747
8	缅甸	40	77	236	600	849	868	681
9	老挝	3	8	33	76	122	103	108
10	文莱	1	4	25	87	45	32	41

注：按 2021 年总额降序排列。

对东盟国家出口总额（美元）

单位：亿美元

序　号	国　家	2000 年	2005 年	2010 年	2015 年	2019 年	2020 年	2021 年
	总　额	**173**	**554**	**1382**	**2773**	**3595**	**3837**	**4837**
1	越南	15	56	231	660	979	1138	1379
2	马来西亚	26	106	238	440	521	563	787
3	泰国	22	78	197	383	456	505	694
4	印度尼西亚	31	84	220	343	456	410	607
5	菲律宾	15	47	115	267	408	419	573
6	新加坡	58	166	323	519	548	576	553
7	柬埔寨	2	5	13	38	80	81	116
8	缅甸	5	9	35	97	123	125	105
9	老挝	0	1	5	12	18	15	17
10	文莱	0	1	4	14	6	5	6

注：按 2021 年总额降序排列。

与“一带一路”沿线国家进出口总额（人民币）

单位：亿元

序　号	国　家	2013年	2015年	2017年	2018年	2019年	2020年	2021年
	总　额	**64594**	**62216**	**73814**	**83626**	**92737**	**93839**	**115979**
1	越南	4063	5963	8241	9773	11182	13283	14878
2	马来西亚	6586	6034	6511	7163	8557	9093	11420
3	俄罗斯	5540	4225	5705	7079	7652	7495	9487
4	泰国	4422	4686	5428	5769	6326	6835	8477
5	印度	4063	4442	5721	6293	6395	6066	8121
6	印度尼西亚	4245	3363	4288	5100	5503	5432	8038
7	新加坡	4715	4936	5368	5452	6211	6180	6078
8	沙特阿拉伯	4483	3199	3399	4184	5383	4650	5641
9	菲律宾	2359	2835	3475	3670	4204	4234	5301
10	阿联酋	2869	3011	2782	3034	3363	3419	4673
11	波兰	919	1061	1437	1620	1919	2150	2723
12	伊拉克	1544	1276	1502	2012	2304	2096	2410
13	土耳其	1379	1336	1484	1413	1436	1667	2211
14	阿曼	1423	1064	1066	1437	1563	1296	2075
15	巴基斯坦	882	1175	1362	1257	1240	1209	1798
16	哈萨克斯坦	1775	886	1214	1314	1519	1492	1632
17	孟加拉国	640	913	1088	1235	1265	1098	1625
18	以色列	672	708	890	914	1019	1215	1475
19	科威特	761	699	815	1231	1190	988	1428
20	捷克	587	685	844	1080	1215	1305	1367
21	埃及	634	799	734	913	910	1008	1291
22	乌克兰	691	438	500	638	821	1031	1248
23	缅甸	629	939	913	1003	1289	1306	1202
24	卡塔尔	631	427	546	769	767	755	1108
25	匈牙利	522	502	685	716	704	810	1016
26	伊朗	2453	2096	2516	2297	1582	1035	955
27	柬埔寨	234	275	392	488	650	661	883
28	斯洛伐克	406	313	360	516	612	655	782
29	罗马尼亚	250	277	379	440	476	538	660
30	蒙古	370	333	434	527	562	467	590
31	乌兹别克斯坦	283	217	285	415	497	459	520
32	吉尔吉斯斯坦	319	270	368	371	439	202	487

与“一带一路”沿线国家进出口总额（人民币）

续表

序　号	国　家	2013 年	2015 年	2017 年	2018 年	2019 年	2020 年	2021 年
33	土库曼斯坦	623	535	471	557	627	452	475
34	斯洛文尼亚	133	148	229	329	271	274	387
35	斯里兰卡	225	284	298	302	310	288	381
36	约旦	224	230	209	210	284	250	285
37	老挝	169	172	205	230	270	248	281
38	保加利亚	129	111	145	171	187	202	265
39	白俄罗斯	90	109	98	113	187	208	247
40	塞尔维亚	40	34	51	63	96	147	209
41	也门	323	144	156	172	254	247	197
42	文莱	111	93	67	121	76	135	184
43	立陶宛	113	84	126	138	147	159	170
44	克罗地亚	93	68	91	101	106	118	150
45	尼泊尔	140	53	67	73	105	82	128
46	塔吉克斯坦	121	115	91	100	116	74	120
47	巴林	96	70	70	85	115	88	115
48	黎巴嫩	158	143	138	133	117	68	101
49	亚美尼亚	12	20	30	34	52	70	91
50	拉脱维亚	92	72	90	91	89	87	90
51	爱沙尼亚	81	74	86	84	84	79	83
52	格鲁吉亚	57	50	66	76	102	96	78
53	阿塞拜疆	68	41	66	60	101	92	78
54	阿尔巴尼亚	35	35	44	43	48	45	49
55	北马其顿	11	14	11	10	19	26	39
56	阿富汗	21	23	37	46	43	38	34
57	叙利亚	43	64	75	84	91	58	31
58	马尔代夫	6	11	20	26	26	19	27
59	东帝汶	3	7	9	9	12	13	24
60	摩尔多瓦	8	8	9	10	12	14	18
61	波黑	7	7	9	12	13	13	18
62	巴勒斯坦	6	4	5	5	6	7	8
63	不丹	1	1	0	1	1	1	7
64	黑山	6	10	13	14	11	12	7

注：按 2021 年总额降序排列。

与“一带一路”沿线国家进出口总额（美元）

单位：亿美元

序　号	国　家	2013 年	2015 年	2017 年	2018 年	2019 年	2020 年	2021 年
	总　额	**10405**	**10024**	**10899**	**12674**	**13447**	**13559**	**17951**
1	越南	655	959	1220	1478	1620	1923	2302
2	马来西亚	1061	973	961	1086	1241	1315	1768
3	俄罗斯	893	680	842	1071	1109	1082	1469
4	泰国	712	755	801	875	917	987	1312
5	印度	654	716	844	955	928	877	1257
6	印度尼西亚	684	542	633	773	798	785	1244
7	新加坡	759	795	793	828	900	892	941
8	沙特阿拉伯	722	516	501	633	781	672	873
9	菲律宾	380	456	513	556	610	612	821
10	阿联酋	462	485	410	459	487	494	724
11	波兰	148	171	212	245	278	311	421
12	伊拉克	249	206	221	304	334	302	373
13	土耳其	222	216	219	215	208	241	342
14	阿曼	229	172	157	218	227	187	321
15	巴基斯坦	142	189	201	191	180	175	278
16	哈萨克斯坦	286	143	179	199	220	215	253
17	孟加拉国	103	147	160	187	184	159	251
18	以色列	108	114	131	139	148	175	228
19	科威特	123	113	120	187	173	143	221
20	捷克	95	110	125	163	176	189	212
21	埃及	102	129	108	138	132	146	200
22	乌克兰	111	71	74	97	119	149	193
23	缅甸	102	151	135	152	187	189	186
24	卡塔尔	102	69	81	116	111	109	172
25	匈牙利	84	81	101	109	102	117	157
26	伊朗	394	338	371	350	230	149	148
27	柬埔寨	38	44	58	74	94	96	137
28	斯洛伐克	65	50	53	78	89	95	121
29	罗马尼亚	40	45	56	67	69	78	102
30	蒙古	60	54	64	80	82	67	91
31	乌兹别克斯坦	46	35	42	63	72	66	81
32	吉尔吉斯斯坦	51	43	54	56	63	29	76

与“一带一路”沿线国家进出口总额（美元）

续表

序　号	国　家	2013 年	2015 年	2017 年	2018 年	2019 年	2020 年	2021 年
33	土库曼斯坦	100	86	69	84	91	65	74
34	斯洛文尼亚	21	24	34	50	39	40	60
35	斯里兰卡	36	46	44	46	45	42	59
36	约旦	36	37	31	32	41	36	44
37	老挝	27	28	30	35	39	36	43
38	保加利亚	21	18	21	26	27	29	41
39	白俄罗斯	15	18	14	17	27	30	38
40	塞尔维亚	6	5	8	10	14	21	32
41	也门	52	23	23	26	37	36	30
42	文莱	18	15	10	18	11	19	28
43	立陶宛	18	13	19	21	21	23	26
44	克罗地亚	15	11	13	15	15	17	23
45	尼泊尔	23	9	10	11	15	12	20
46	塔吉克斯坦	20	18	13	15	17	11	19
47	巴林	15	11	10	13	17	13	18
48	黎巴嫩	25	23	20	20	17	10	16
49	亚美尼亚	2	3	4	5	8	10	14
50	拉脱维亚	15	12	13	14	13	13	14
51	爱沙尼亚	13	12	13	13	12	11	13
52	格鲁吉亚	9	8	10	11	15	14	12
53	阿塞拜疆	11	7	10	9	15	13	12
54	阿尔巴尼亚	6	6	7	6	7	7	8
55	北马其顿	2	2	2	2	3	4	6
56	阿富汗	3	4	5	7	6	6	5
57	叙利亚	7	10	11	13	13	8	5
58	马尔代夫	1	2	3	4	4	3	4
59	东帝汶	0	1	1	1	2	2	4
60	摩尔多瓦	1	1	1	1	2	2	3
61	波黑	1	1	1	2	2	2	3
62	巴勒斯坦	1	1	1	1	1	1	1
63	不丹	0	0	0	0	0	0	1
64	黑山	1	2	2	2	2	2	1

注：按 2021 年总额降序排列。

自“一带一路”沿线国家进口总额（人民币）

单位：亿元

序　号	国　家	2013 年	2015 年	2017 年	2018 年	2019 年	2020 年	2021 年
	总　额	**29268**	**24092**	**30751**	**37177**	**40144**	**39591**	**50055**
1	马来西亚	3734	3308	3686	4170	4960	5201	6334
2	越南	1048	1862	3395	4230	4432	5414	5965
3	俄罗斯	2463	2065	2803	3913	4217	3995	5122
4	印度尼西亚	1952	1234	1933	2248	2352	2594	4118
5	泰国	2391	2308	2816	2942	3181	3335	3995
6	沙特阿拉伯	3319	1860	2151	3035	3737	2702	3681
7	新加坡	1868	1711	2318	2222	2428	2190	2506
8	阿曼	1305	933	908	1249	1355	1083	1845
9	阿联酋	796	715	834	1077	1057	1182	1842
10	印度	1055	830	1107	1242	1239	1454	1819
11	伊拉克	1117	785	936	1490	1651	1339	1719
12	菲律宾	1128	1177	1302	1359	1392	1337	1598
13	科威特	595	466	604	1012	926	742	1145
14	卡塔尔	525	286	433	605	601	573	852
15	哈萨克斯坦	996	363	431	564	639	681	728
16	乌克兰	203	220	159	174	311	554	640
17	缅甸	174	340	307	308	440	439	521
18	斯洛伐克	214	139	175	348	410	445	488
19	以色列	197	174	285	304	356	435	487
20	蒙古	218	235	350	418	435	355	445
21	土库曼斯坦	552	485	446	536	598	421	442
22	伊朗	1578	994	1257	1385	921	445	420
23	捷克	162	173	249	290	319	355	391
24	匈牙利	168	179	276	286	258	296	360
25	波兰	139	170	226	241	272	299	358
26	土耳其	276	183	256	248	241	258	326
27	巴基斯坦	199	153	124	143	124	147	232
28	罗马尼亚	75	80	123	143	160	182	227
29	老挝	63	96	109	133	149	144	173
30	文莱	6	6	24	17	31	102	143
31	乌兹别克斯坦	120	79	99	154	150	102	139
32	柬埔寨	23	41	68	91	99	103	136

自“一带一路”沿线国家进口总额（人民币）

续表

序　号	国　家	2013 年	2015 年	2017 年	2018 年	2019 年	2020 年	2021 年
33	保加利亚	60	46	66	76	80	95	116
34	埃及	115	57	91	122	69	64	110
35	白俄罗斯	36	63	35	38	63	61	70
36	亚美尼亚	5	13	20	20	37	55	70
37	孟加拉国	37	51	59	65	71	55	68
38	塞尔维亚	14	8	14	15	25	35	64
39	斯里兰卡	11	16	21	21	27	22	42
40	斯洛文尼亚	19	18	33	39	36	35	41
41	也门	190	55	45	48	60	47	30
42	立陶宛	8	9	17	22	30	34	28
43	约旦	11	18	19	14	30	30	27
44	巴林	19	7	8	10	14	10	26
45	北马其顿	7	8	6	3	10	16	24
46	克罗地亚	6	7	12	14	10	10	22
47	爱沙尼亚	12	15	18	16	21	19	18
48	拉脱维亚	6	9	12	14	13	14	15
49	阿塞拜疆	14	14	40	26	59	49	13
50	格鲁吉亚	3	3	5	4	6	7	11
51	塔吉克斯坦	6	3	3	5	6	3	11
52	阿尔巴尼亚	15	8	13	7	7	6	11
53	波黑	1	3	4	5	5	5	9
54	东帝汶	0	0	0	0	2	0	7
55	摩尔多瓦	1	1	2	3	3	4	7
56	吉尔吉斯斯坦	4	4	6	4	5	2	5
57	阿富汗	1	1	0	2	2	4	3
58	黎巴嫩	3	1	2	3	2	2	3
59	尼泊尔	3	2	1	1	2	1	2
60	黑山	1	2	4	3	3	4	1
61	马尔代夫	0	0	0	0	2	0	0
62	叙利亚	0	0	0	0	0	0	0
63	巴勒斯坦	0	0	0	0	0	0	0
64	不丹	0	0	0	0	0	0	0

注：按 2021 年总额降序排列。

自“一带一路”沿线国家进口总额（美元）

单位：亿美元

序　号	国　家	2013 年	2015 年	2017 年	2018 年	2019 年	2020 年	2021 年
	总　额	**4714**	**3881**	**4544**	**5630**	**5823**	**5722**	**7748**
1	马来西亚	602	533	544	632	719	752	981
2	越南	169	298	504	640	641	785	923
3	俄罗斯	397	333	414	591	612	577	793
4	印度尼西亚	314	199	286	341	341	375	638
5	泰国	385	372	416	446	462	481	618
6	沙特阿拉伯	535	300	318	459	542	391	570
7	新加坡	301	276	342	337	352	316	388
8	阿曼	210	150	134	189	197	157	286
9	阿联酋	128	115	123	162	153	171	285
10	印度	170	134	163	188	180	210	281
11	伊拉克	180	127	138	225	239	193	266
12	菲律宾	182	190	192	206	202	193	247
13	科威特	96	75	89	153	134	107	177
14	卡塔尔	85	46	64	91	87	83	132
15	哈萨克斯坦	161	58	64	85	93	98	113
16	乌克兰	33	36	23	26	45	80	99
17	缅甸	29	54	45	47	64	63	81
18	斯洛伐克	35	22	26	52	60	64	75
19	以色列	32	28	42	46	52	63	75
20	蒙古	35	38	52	63	63	51	69
21	土库曼斯坦	89	78	66	81	87	61	68
22	伊朗	254	161	186	211	134	64	65
23	捷克	26	28	37	44	46	51	61
24	匈牙利	27	29	41	43	37	43	56
25	波兰	22	27	34	36	39	43	55
26	土耳其	45	29	38	38	35	37	50
27	巴基斯坦	32	25	18	22	18	21	36
28	罗马尼亚	12	13	18	22	23	26	35
29	老挝	10	15	16	20	22	21	27
30	文莱	1	1	4	2	5	15	22
31	乌兹别克斯坦	19	13	15	23	22	15	22
32	柬埔寨	4	7	10	14	14	15	21

自“一带一路”沿线国家进口总额（美元）

续表

序 号	国 家	2013 年	2015 年	2017 年	2018 年	2019 年	2020 年	2021 年
33	保加利亚	10	7	10	11	12	14	18
34	埃及	19	9	13	18	10	9	17
35	白俄罗斯	6	10	5	6	9	9	11
36	亚美尼亚	1	2	3	3	5	8	11
37	孟加拉国	6	8	9	10	10	8	10
38	塞尔维亚	2	1	2	2	4	5	10
39	斯里兰卡	2	3	3	3	4	3	7
40	斯洛文尼亚	3	3	5	6	5	5	6
41	也门	31	9	7	7	9	7	5
42	立陶宛	1	1	3	3	4	5	4
43	约旦	2	3	3	2	4	4	4
44	巴林	3	1	1	2	2	1	4
45	北马其顿	0	0	0	0	1	2	4
46	克罗地亚	1	1	2	2	1	1	3
47	爱沙尼亚	2	2	3	2	3	3	3
48	拉脱维亚	1	1	2	2	2	2	2
49	阿塞拜疆	2	2	6	4	9	7	2
50	塔吉克斯坦	1	1	0	1	1	0	2
51	格鲁吉亚	1	0	1	1	1	1	2
52	阿尔巴尼亚	2	1	2	1	1	1	2
53	波黑	0	1	1	1	1	1	1
54	东帝汶	0	0	0	0	0	0	1
55	摩尔多瓦	0	0	0	0	0	1	1
56	吉尔吉斯斯坦	1	1	1	1	1	0	1
57	阿富汗	0	0	0	0	0	1	0
58	黎巴嫩	1	1	1	0	0	0	0
59	尼泊尔	0	0	0	0	0	0	0
60	黑山	0	0	1	0	0	1	0
61	马尔代夫	0	0	0	0	0	0	0
62	叙利亚	0	0	0	0	0	0	0
63	巴勒斯坦	0	0	0	0	0	0	0
64	不丹	0	0	0	0	0	0	0

注：按 2021 年总额降序排列。

对“一带一路”沿线国家出口总额（人民币）

单位：亿元

序　号	国　家	2013 年	2015 年	2017 年	2018 年	2019 年	2020 年	2021 年
	总　额	**35325**	**38124**	**43063**	**46450**	**52593**	**54248**	**65924**
1	越南	3015	4101	4845	5542	6750	7869	8914
2	印度	3008	3612	4613	5052	5156	4613	6302
3	马来西亚	2852	2726	2825	2994	3596	3893	5086
4	泰国	2031	2378	2611	2827	3145	3500	4482
5	俄罗斯	3077	2159	2901	3166	3434	3501	4364
6	印度尼西亚	2294	2129	2355	2852	3151	2838	3921
7	菲律宾	1230	1657	2173	2310	2812	2898	3704
8	新加坡	2847	3225	3050	3231	3783	3990	3572
9	阿联酋	2073	2296	1948	1957	2306	2237	2831
10	波兰	781	891	1210	1379	1647	1851	2364
11	沙特阿拉伯	1164	1339	1248	1149	1646	1948	1960
12	土耳其	1102	1153	1228	1165	1195	1409	1885
13	巴基斯坦	684	1022	1238	1114	1116	1063	1566
14	孟加拉国	603	862	1029	1170	1194	1042	1557
15	埃及	519	742	643	791	841	944	1181
16	以色列	475	534	605	611	663	780	989
17	捷克	424	512	595	790	896	950	976
18	哈萨克斯坦	779	523	783	750	880	811	904
19	柬埔寨	212	234	324	396	550	558	747
20	伊拉克	427	491	566	522	652	757	691
21	缅甸	455	600	606	695	849	868	681
22	匈牙利	354	323	410	430	446	514	656
23	乌克兰	488	218	342	464	510	477	608
24	伊朗	875	1101	1259	912	661	591	535
25	吉尔吉斯斯坦	315	266	362	367	435	200	482
26	罗马尼亚	175	196	256	297	315	355	434
27	乌兹别克斯坦	162	138	186	261	347	356	381
28	斯洛文尼亚	114	130	195	290	235	239	346
29	斯里兰卡	213	268	277	280	283	266	339
30	斯洛伐克	191	174	185	168	202	210	294
31	科威特	166	234	211	219	264	246	283
32	约旦	213	212	190	196	254	221	258

对“一带一路”沿线国家出口总额（人民币）

续表

序号	国家	2013 年	2015 年	2017 年	2018 年	2019 年	2020 年	2021 年
33	卡塔尔	106	141	114	164	166	182	256
34	阿曼	118	131	157	188	208	213	231
35	白俄罗斯	54	46	63	75	124	146	177
36	也门	133	89	112	124	194	200	166
37	保加利亚	69	65	79	95	107	107	149
38	塞尔维亚	27	26	37	48	71	113	145
39	蒙古	152	97	84	108	126	112	144
40	立陶宛	105	75	108	116	117	125	142
41	克罗地亚	87	61	79	87	96	109	128
42	尼泊尔	137	51	65	71	103	81	126
43	塔吉克斯坦	116	112	88	95	110	71	109
44	老挝	106	76	96	96	122	103	108
45	黎巴嫩	155	142	137	130	116	65	97
46	巴林	77	63	61	75	102	78	89
47	拉脱维亚	85	63	78	77	75	73	74
48	格鲁吉亚	53	48	62	72	97	89	66
49	爱沙尼亚	69	59	68	68	63	60	65
50	阿塞拜疆	54	27	26	34	43	43	64
51	文莱	106	87	43	105	45	32	41
52	阿尔巴尼亚	20	27	31	36	41	40	38
53	土库曼斯坦	71	50	25	21	30	31	33
54	叙利亚	43	63	75	84	91	58	31
55	阿富汗	20	22	37	44	41	35	31
56	马尔代夫	6	11	20	26	24	19	26
57	亚美尼亚	7	7	10	14	15	16	21
58	东帝汶	3	7	9	9	10	13	17
59	北马其顿	4	5	5	7	9	11	14
60	摩尔多瓦	7	6	7	7	9	10	12
61	波黑	6	4	5	7	8	8	9
62	巴勒斯坦	6	4	5	5	6	7	8
63	不丹	1	1	0	1	1	1	7
64	黑山	5	8	9	12	8	8	6

注：按 2021 年总额降序排列。

对“一带一路”沿线国家出口总额（美元）

单位：亿美元

序　号	国　家	2013 年	2015 年	2017 年	2018 年	2019 年	2020 年	2021 年
	总　额	**5690**	**6143**	**6356**	**7043**	**7624**	**7836**	**10203**
1	越南	486	660	716	839	979	1138	1379
2	印度	484	582	680	767	748	667	975
3	马来西亚	459	440	417	454	521	563	787
4	泰国	327	383	385	429	456	505	694
5	俄罗斯	496	348	428	480	497	505	676
6	印度尼西亚	369	343	348	432	456	410	607
7	菲律宾	199	267	321	350	408	419	573
8	新加坡	458	519	450	490	548	576	553
9	阿联酋	334	370	287	297	334	323	438
10	波兰	126	143	179	209	239	267	366
11	沙特阿拉伯	187	216	184	174	239	281	303
12	土耳其	177	186	181	178	173	203	292
13	巴基斯坦	110	164	183	169	162	154	242
14	孟加拉国	97	139	152	178	173	151	241
15	埃及	84	120	95	120	122	136	183
16	以色列	76	86	89	93	96	113	153
17	捷克	68	82	88	119	130	137	151
18	哈萨克斯坦	125	84	116	114	127	117	140
19	柬埔寨	34	38	48	60	80	81	116
20	伊拉克	69	79	83	79	95	109	107
21	缅甸	73	97	89	105	123	125	105
22	匈牙利	57	52	60	65	65	74	101
23	乌克兰	78	35	50	70	74	69	94
24	伊朗	140	178	186	139	96	85	83
25	吉尔吉斯斯坦	51	43	53	56	63	29	75
26	罗马尼亚	28	32	38	45	46	51	67
27	乌兹别克斯坦	26	22	27	39	50	51	59
28	斯洛文尼亚	18	21	29	44	34	35	54
29	斯里兰卡	34	43	41	43	41	38	53
30	斯洛伐克	31	28	27	25	29	30	45
31	科威特	27	38	31	33	38	35	44
32	约旦	34	34	28	30	37	32	40

对“一带一路”沿线国家出口总额（美元）

续表

序　号	国　家	2013 年	2015 年	2017 年	2018 年	2019 年	2020 年	2021 年
33	卡塔尔	17	23	17	25	24	26	40
34	阿曼	19	21	23	29	30	31	36
35	白俄罗斯	9	7	9	11	18	21	27
36	也门	21	14	16	19	28	29	26
37	保加利亚	11	10	12	14	16	15	23
38	塞尔维亚	4	4	5	7	10	16	22
39	蒙古	24	16	12	16	18	16	22
40	立陶宛	17	12	16	18	17	18	22
41	克罗地亚	14	10	12	13	14	16	20
42	尼泊尔	22	8	10	11	15	12	20
43	塔吉克斯坦	19	18	13	14	16	10	17
44	老挝	17	12	14	15	18	15	17
45	黎巴嫩	25	23	20	20	17	9	15
46	巴林	12	10	9	11	15	11	14
47	拉脱维亚	14	10	11	12	11	11	11
48	格鲁吉亚	9	8	9	11	14	13	10
49	爱沙尼亚	11	10	10	10	9	9	10
50	阿塞拜疆	9	4	4	5	6	6	10
51	文莱	17	14	6	16	6	5	6
52	阿尔巴尼亚	3	4	5	5	6	6	6
53	土库曼斯坦	11	8	4	3	4	4	5
54	叙利亚	7	10	11	13	13	8	5
55	阿富汗	3	4	5	7	6	5	5
56	马尔代夫	1	2	3	4	3	3	4
57	亚美尼亚	1	1	1	2	2	2	3
58	东帝汶	0	1	1	1	1	2	3
59	北马其顿	1	1	1	1	1	2	2
60	摩尔多瓦	1	1	1	1	1	1	2
61	波黑	1	1	1	1	1	1	1
62	巴勒斯坦	1	1	1	1	1	1	1
63	不丹	0	0	0	0	0	0	1
64	黑山	1	1	1	2	1	1	1

注：按 2021 年总额降序排列。

中美贸易数据对比

单位：亿美元

年　份	中国自美国进口	美国对中国出口	中国对美国出口	美国自中国进口
2000	223	163	520	1076
2001	262	192	543	1094
2002	273	221	699	1335
2003	339	284	925	1633
2004	447	344	1249	2105
2005	486	412	1629	2598
2006	592	537	2034	3058
2007	694	629	2327	3400
2008	814	697	2524	3563
2009	775	695	2208	3095
2010	1022	919	2833	3830
2011	1223	1041	3245	4174
2012	1331	1105	3518	4444
2013	1526	1217	3684	4592
2014	1591	1237	3961	4881
2015	1478	1159	4092	5040
2016	1344	1156	3853	4814
2017	1539	1300	4297	5257
2018	1551	1203	4784	5620
2019	1229	1064	4187	4710
2020	1353	1245	4517	4564
2021	1795	1511	5761	5415

注：美国对中国出口数据、美国自中国进口数据来源于全球贸易综合分析系统（GTAS）。

三、商品

主要商品进口量值（人民币）

年份	机电产品*		高新技术产品*		集成电路		原油	
	数量	金额（亿元）	数量	金额（亿元）	数量（亿个）	金额（亿元）	数量（万吨）	金额（亿元）
2011	–	48894	–	29888	2141	11044	25378	12774
2012	–	49407	–	32015	2418	12132	27103	13941
2013	–	52131	–	34634	2663	14359	28195	13638
2014	–	52496	–	33866	2860	13366	30837	14016
2015	–	50111	–	34073	3140	14294	33548	8326
2016	–	50985	–	34618	3425	15005	38101	7698
2017	–	57785	–	39501	3770	17592	41957	11003
2018	–	63727	–	44340	4176	20584	46190	15882
2019	–	62605	–	43987	4451	21078	50568	16702
2020	–	65625	–	47160	5435	24207	54239	12218
2021	–	73644	–	54081	6355	27934	51297	16652

主要商品进口量值（人民币）

续表 1

年份	农产品*		铁矿砂及其精矿		初级形状的塑料		汽车	
	数量	金额（亿元）	数量（万吨）	金额（亿元）	数量（万吨）	金额（亿元）	数量（万辆）	金额（亿元）
2011	–	6087	68575	7303	2304	3065	104	2803
2012	–	7041	74360	6045	2371	2916	113	2996
2013	–	7363	81914	6587	2462	3046	119	3020
2014	–	7465	93251	5739	2535	3167	142	3725
2015	–	7196	95245	3562	2610	2791	110	2773
2016	–	7307	102412	3809	2570	2731	107	2942
2017	–	8450	107474	5175	2868	3284	124	3422
2018	–	9006	106447	4984	3284	3718	113	3331
2019	–	10333	106865	6986	3691	3671	105	3332
2020	–	11832	117010	8229	4063	3628	93	3216
2021	–	14210	112420	11851	3397	3951	94	3489

主要商品进口量值（人民币）

续表 2

年份	粮食		天然气		计量检测分析自控仪器及器具		未锻轧铜及铜材	
	数量（万吨）	金额（亿元）	数量（万吨）	金额（亿元）	数量	金额（亿元）	数量（万吨）	金额（亿元）
2011	6376	2180	2257	674	–	1708	407	2386
2012	8025	2661	3048	1064	–	1761	465	2438
2013	8645	2829	3808	1273	–	1756	450	2176
2014	10043	3010	4285	1464	–	1903	483	2185
2015	12477	2899	4430	1146	–	1793	481	1802
2016	11468	2742	5403	1089	–	1985	495	1741
2017	13062	3260	6857	1574	–	2221	469	2115
2018	11556	3013	9039	2552	–	2531	530	2469
2019	11145	2895	9651	2873	–	2577	498	2240
2020	14262	3524	10166	2315	–	2795	668	2988
2021	16454	4834	12128	3596	–	2883	553	3388

主要商品进口量值（人民币）

续表 3

年份	汽车零配件		自动数据处理设备及其零部件		铜矿砂及其精矿		医药材及药品	
	数量	金额（亿元）	数量	金额（亿元）	数量（万吨）	金额（亿元）	数量（万吨）	金额（亿元）
2011	–	1432	–	3140	638	994	9	734
2012	–	1453	–	3421	783	1070	10	877
2013	–	1782	–	2964	1007	1212	10	1007
2014	–	1982	–	3038	1181	1320	11	1173
2015	–	1711	–	2709	1329	1171	11	1265
2016	–	1980	–	2651	1696	1366	12	1462
2017	–	2156	–	2820	1735	1785	14	1815
2018	–	2309	–	3398	1972	2128	15	1957
2019	–	2112	–	3558	2198	2337	16	2462
2020	–	2246	–	3814	2177	2372	22	2579
2021	–	2437	–	4355	2339	3671	23	2884

主要商品进口量值（人民币）

续表 4

年　份	飞机及其他航空器		通断保护电路装置及零件		液晶显示板		煤及褐煤	
	数量（架）	金额（亿元）	数量	金额（亿元）	数量（亿个）	金额（亿元）	数量（万吨）	金额（亿元）
2011	421	756	–	1461	28	3062	22224	1547
2012	517	991	–	1389	36	3177	28841	1813
2013	742	1295	–	1428	34	3079	32702	1805
2014	10771	1595	–	1538	30	2688	29122	1366
2015	68274	1520	–	1413	28	2466	20406	750
2016	7385	1351	–	1510	24	2105	25551	938
2017	14266	1558	–	1691	24	2042	27090	1536
2018	1238	1841	–	1733	22	1723	28123	1613
2019	957	1103	–	1697	19	1431	29952	1605
2020	718	496	–	1773	19	1321	30399	1411
2021	608	665	–	1888	18	1365	32301	2328

主要商品进口量值（人民币）

续表 5

年　份	二极管及类似半导体器件		成品油		纸浆	
	数量（亿个）	金额（亿元）	数量（万吨）	金额（亿元）	数量（万吨）	金额（亿元）
2011	3178	1131	4060	2129	1445	776
2012	3513	1126	3982	2088	1646	693
2013	3740	1327	3959	1987	1685	706
2014	5281	1446	3000	1440	1796	741
2015	5123	1376	2990	882	1984	792
2016	4828	1323	2784	735	2106	808
2017	5172	1398	2964	982	2372	1039
2018	5235	1427	3348	1333	2479	1300
2019	4789	1345	3056	1175	2718	1178
2020	5432	1623	2835	818	3063	1088
2021	7497	1918	2712	1078	2969	1296

主要商品进口量值（人民币）

续表 6

年份	纺织纱线、织物及制品		二甲苯		钢材	
	数量	金额（亿元）	数量（万吨）	金额（亿元）	数量（万吨）	金额（亿元）
2011	–	1235	562	559	1558	1402
2012	–	1258	701	673	1366	1124
2013	–	1345	965	913	1408	1058
2014	–	1251	1028	790	1443	1101
2015	–	1183	1206	631	1278	889
2016	–	1106	1267	655	1321	869
2017	–	1176	1481	844	1330	1027
2018	–	1178	1621	1140	1317	1083
2019	–	1081	1512	959	1230	973
2020	–	978	1407	574	2023	1165
2021	–	1016	1388	759	1427	1210

主要商品进口量值（人民币）

续表 7

年份	电容器		印刷电路	
	数量（万吨）	金额（亿元）	数量（亿块）	金额（亿元）
2011	9	560	396	909
2012	8	538	413	914
2013	8	690	401	846
2014	8	698	406	824
2015	8	630	386	754
2016	7	527	398	681
2017	8	581	452	783
2018	8	825	455	820
2019	7	665	445	777
2020	7	774	465	752
2021	8	865	531	793

注：1. 部分商品因无统一数量单位，故无数量数据。

2. 2018 年，世界海关组织协调制度委员会通过决议，将无人机按功能归入其他类别，不再归入航空器，因此飞机及其他航空器数量波动较大。

3. 自 2020 年起，医药品名称修改为医药材及药品。

主要商品进口量值（美元）

年份	机电产品*		高新技术产品*		集成电路		原油	
	数量	金额（亿美元）	数量	金额（亿美元）	数量（亿个）	金额（亿美元）	数量（万吨）	金额（亿美元）
2011	–	7533	–	4606	2141	1702	25378	1968
2012	–	7826	–	5071	2418	1921	27103	2208
2013	–	8399	–	5579	2663	2312	28195	2197
2014	–	8541	–	5512	2860	2176	30837	2283
2015	–	8061	–	5481	3140	2299	33548	1343
2016	–	7714	–	5238	3425	2270	38101	1165
2017	–	8545	–	5840	3770	2601	41957	1623
2018	–	9656	–	6715	4176	3121	46190	2403
2019	–	9079	–	6378	4451	3055	50568	2424
2020	–	9492	–	6822	5435	3500	54239	1763
2021	–	11397	–	8372	6355	4325	51297	2579

主要商品进口量值（美元）

续表 1

年份	农产品*		铁矿砂及其精矿		初级形状的塑料		汽车	
	数量	金额（亿美元）	数量（万吨）	金额（亿美元）	数量（万吨）	金额（亿美元）	数量（万辆）	金额（亿美元）
2011	–	938	68575	1124	2304	472	104	432
2012	–	1115	74360	957	2371	462	113	475
2013	–	1187	81914	1061	2462	491	119	487
2014	–	1216	93251	935	2535	516	142	606
2015	–	1160	95245	574	2610	450	110	447
2016	–	1106	102412	577	2570	413	107	445
2017	–	1247	107474	763	2868	485	124	505
2018	–	1367	106447	755	3284	564	113	505
2019	–	1499	106865	1013	3691	533	105	484
2020	–	1708	117010	1189	4063	524	93	463
2021	–	2198	112420	1833	3397	611	94	539

主要商品进口量值（美元）

续表 2

年份	粮食		天然气		计量检测分析自控仪器及器具		未锻轧铜及铜材	
	数量（万吨）	金额（亿美元）	数量（万吨）	金额（亿美元）	数量	金额（亿美元）	数量（万吨）	金额（亿美元）
2011	6376	336	2257	104	–	263	407	368
2012	8025	421	3048	168	–	279	465	386
2013	8645	456	3808	205	–	283	450	351
2014	10043	490	4285	238	–	309	483	356
2015	12477	468	4430	185	–	289	481	290
2016	11468	415	5403	165	–	301	495	264
2017	13062	481	6857	233	–	329	469	313
2018	11556	459	9039	385	–	384	530	375
2019	11145	420	9651	417	–	374	498	325
2020	14262	508	10166	335	–	404	668	432
2021	16454	748	12128	557	–	446	553	525

主要商品进口量值（美元）

续表 3

年份	汽车零配件		自动数据处理设备及其零部件		铜矿砂及其精矿		医药材及药品	
	数量	金额（亿美元）	数量	金额（亿美元）	数量（万吨）	金额（亿美元）	数量（万吨）	金额（亿美元）
2011	–	221	–	484	638	153	9	113
2012	–	230	–	541	783	170	10	139
2013	–	287	–	477	1007	195	10	162
2014	–	322	–	494	1181	215	11	191
2015	–	275	–	437	1329	189	11	203
2016	–	299	–	401	1696	207	12	221
2017	–	319	–	417	1735	264	14	268
2018	–	351	–	515	1972	323	15	296
2019	–	306	–	517	2198	339	16	357
2020	–	324	–	551	2177	343	22	372
2021	–	376	–	674	2339	568	23	447

主要商品进口量值（美元）

续表 4

年份	飞机及其他航空器		通断保护电路装置及零件		液晶显示板		煤及褐煤	
	数量（架）	金额（亿美元）	数量	金额（亿美元）	数量（亿个）	金额（亿美元）	数量（万吨）	金额（亿美元）
2011	421	116	–	225	28	472	22224	239
2012	517	157	–	220	36	503	28841	287
2013	742	209	–	230	34	496	32702	290
2014	10771	260	–	250	30	438	29122	223
2015	68274	244	–	227	28	397	20406	121
2016	7385	204	–	228	24	318	25551	142
2017	14266	231	–	250	24	301	27090	226
2018	1238	276	–	263	22	261	28123	246
2019	957	160	–	246	19	208	29952	234
2020	718	73	–	256	19	191	30399	202
2021	608	103	–	292	18	211	32301	360

主要商品进口量值（美元）

续表 5

年份	二极管及类似半导体器件		成品油		纸浆	
	数量（亿个）	金额（亿美元）	数量（万吨）	金额（亿美元）	数量（万吨）	金额（亿美元）
2011	3178	174	4060	328	1445	119
2012	3513	178	3982	331	1646	110
2013	3740	214	3959	320	1685	114
2014	5281	235	3000	234	1796	121
2015	5123	221	2990	142	1984	128
2016	4828	200	2784	111	2106	122
2017	5172	206	2964	145	2372	153
2018	5235	217	3348	202	2479	197
2019	4789	195	3056	171	2718	171
2020	5432	235	2835	118	3063	157
2021	7497	297	2712	167	2969	201

主要商品进口量值（美元）

续表 6

年　份	纺织纱线、织物及制品		二甲苯		钢材	
	数量	金额（亿美元）	数量（万吨）	金额（亿美元）	数量（万吨）	金额（亿美元）
2011	–	190	562	86	1558	216
2012	–	199	701	107	1366	178
2013	–	217	965	147	1408	171
2014	–	204	1028	129	1443	179
2015	–	191	1206	102	1278	143
2016	–	167	1267	99	1321	132
2017	–	174	1481	125	1330	152
2018	–	179	1621	172	1317	164
2019	–	157	1512	140	1230	141
2020	–	141	1407	83	2023	168
2021	–	157	1388	118	1427	187

主要商品进口量值（美元）

续表 7

年　份	电容器		印刷电路	
	数量（万吨）	金额（亿美元）	数量（亿块）	金额（亿美元）
2011	9	86	396	140
2012	8	85	413	145
2013	8	111	401	136
2014	8	114	406	134
2015	8	101	386	121
2016	7	80	398	103
2017	8	86	452	116
2018	8	125	455	124
2019	7	96	445	113
2020	7	112	465	109
2021	8	134	531	123

注：1. 部分商品因无统一数量单位，故无数量数据。

2. 2018 年，世界海关组织协调制度委员会通过决议，将无人机按功能归入其他类别，不再归入航空器，因此飞机及其他航空器数量波动较大。

3. 自 2020 年起，医药品名称修改为医药材及药品。

主要商品出口量值（人民币）

年　份	机电产品*		高新技术产品 *		自动数据处理设备及其零部件		服装及衣着附件	
	数量	金额（亿元）	数量	金额（亿元）	数量	金额（亿元）	数量	金额（亿元）
2011	–	70121	–	35518	–	13377	–	9942
2012	–	74463	–	37955	–	13571	–	10050
2013	–	78532	–	40978	–	13080	–	10981
2014	–	80527	–	40567	–	13029	–	11445
2015	–	81421	–	40737	–	11202	–	10816
2016	–	79820	–	39876	–	10719	–	10413
2017	–	89465	–	45150	–	12947	–	10656
2018	–	96457	–	49374	–	14277	–	10413
2019	–	100626	–	50424	–	13580	–	10446
2020	–	106608	–	53692	–	15020	–	9520
2021	–	128268	–	63262	–	16488	–	10998

主要商品出口量值（人民币）

续表 1

年　份	电话机		纺织纱线、织物及制品		集成电路		农产品 *	
	数量（亿台）	金额（亿元）	数量	金额（亿元）	数量（亿个）	金额（亿元）	数量	金额（亿元）
2011	10	4199	–	6149	905	2113	–	3902
2012	11	5240	–	6046	1182	3374	–	3952
2013	13	6024	–	6638	1427	5449	–	4164
2014	14	7202	–	6887	1535	3739	–	4382
2015	14	7821	–	6794	1828	4295	–	4361
2016	14	7745	–	6925	1809	4029	–	4793
2017	13	8599	–	7441	2044	4526	–	5087
2018	12	9446	–	7851	2171	5591	–	5238
2019	11	8720	–	8282	2187	7008	–	5420
2020	10	8728	–	10761	2598	8056	–	5266
2021	10	9534	–	9383	3107	9929	–	5450

主要商品出口量值（人民币）

续表 2

年 份	钢材		汽车零配件		家具及其零件		鞋类	
	数量（万吨）	金额（亿元）	数量	金额（亿元）	数量	金额（亿元）	数量（万吨）	金额（亿元）
2011	4888	3333	–	2456	–	2463	–	2709
2012	5573	3252	–	2624	–	3082	–	2956
2013	6233	3306	–	2815	–	3219	467	3150
2014	9378	4350	–	3022	–	3195	488	3455
2015	11239	3889	–	2904	–	3276	447	3318
2016	10849	3587	–	3007	–	3151	422	3113
2017	7541	3700	–	3365	–	3385	450	3269
2018	6934	3984	–	3628	–	3544	448	3095
2019	6429	3699	–	3654	–	3730	451	3290
2020	5367	3151	–	3909	–	4039	346	2639
2021	6686	5287	–	4884	–	4771	429	3339

主要商品出口量值（人民币）

续表 3

年 份	塑料制品		成品油		灯具、照明装置及零件	
	数量（万吨）	金额（亿元）	数量（万吨）	金额（亿元）	数量	金额（亿元）
2011	795	1522	2570	1351	–	820
2012	851	1993	2427	1346	–	1234
2013	896	2191	2851	1524	–	1529
2014	951	2278	2968	1583	–	1911
2015	973	2341	3615	1184	–	2215
2016	1040	2354	4831	1275	–	1978
2017	1168	2628	5216	1722	–	1932
2018	1312	2870	5864	2363	–	1989
2019	1423	3332	6685	2646	–	2271
2020	2135	5309	6183	1770	–	2602
2021	2480	6396	6030	2101	–	3190

主要商品出口量值（人民币）

续表 4

年 份	通断保护电路装置及零件		箱包及类似容器		二极管及类似半导体器件		玩具	
	数量	金额（亿元）	数量（万吨）	金额（亿元）	数量（亿个）	金额（亿元）	数量	金额（亿元）
2011	–	1143	327	1553	3122	2187	–	702
2012	–	1258	302	1598	3239	1536	–	723
2013	–	1341	302	1713	3516	1557	–	767
2014	–	1510	300	1666	5672	1742	–	869
2015	–	1518	284	1750	7223	1831	–	973
2016	–	1633	279	1644	7026	1600	–	1216
2017	–	1833	310	1807	5953	1635	–	1621
2018	–	1973	316	1787	5810	1749	–	1662
2019	–	2114	307	1878	5349	2211	–	2152
2020	–	2137	201	1429	5796	2390	–	2317
2021	–	2574	244	1800	7555	3071	–	2980

主要商品出口量值（人民币）

续表 5

年 份	液晶显示板		水产品		陶瓷产品		电线和电缆	
	数量（亿个）	金额（亿元）	数量（万吨）	金额（亿元）	数量（万吨）	金额（亿元）	数量（万吨）	金额（亿元）
2011	24	1915	288	714	2429	911	180	966
2012	32	2289	368	1144	2494	1057	186	1048
2013	33	2228	384	1206	2541	1189	195	1142
2014	25	1952	403	1282	2598	1356	217	1288
2015	23	1923	391	1216	2526	1619	217	1247
2016	19	1700	409	1319	2344	1208	224	1294
2017	19	1737	427	1412	2342	1303	241	1402
2018	18	1527	425	1454	2260	1426	242	1425
2019	15	1475	419	1401	2122	1735	229	1412
2020	13	1370	375	1298	1768	1737	207	1279
2021	14	1788	375	1395	1862	1983	234	1563

主要商品出口量值（人民币）

续表 6

年份	船舶		静止式变流器		医药材及药品	
	数量（艘）	金额（亿元）	数量（亿个）	金额（亿元）	数量（万吨）	金额（亿元）
2011	2850743	2698	33	951	76	769
2012	2741879	2266	40	982	76	754
2013	3075731	1616	50	1094	82	765
2014	3314884	1414	53	1121	88	822
2015	6700	1599	51	1102	88	838
2016	8201	1332	52	1079	95	898
2017	8013	1408	54	1156	101	1021
2018	6899	1420	54	1183	103	1148
2019	6410	1400	51	1270	110	1189
2020	5712	1192	54	1446	131	1593
2021	4691	1403	68	1802	146	3206

主要商品出口量值（人民币）

续表 7

年份	未锻轧铝及铝材		印刷电路		新的充气橡胶轮胎	
	数量（万吨）	金额（亿元）	数量（亿块）	金额（亿元）	数量（亿条）	金额（亿元）
2011	376	790	290	817	4	958
2012	346	711	292	867	4	1003
2013	364	726	305	828	4	1003
2014	434	822	316	850	5	1010
2015	476	877	305	870	4	858
2016	458	815	291	846	5	850
2017	479	887	316	946	5	960
2018	580	1086	330	1008	5	996
2019	573	1050	327	1010	5	1019
2020	486	907	363	1044	5	919
2021	562	1257	481	1346	6	1079

注：1. 部分商品因无统一数量单位，故无数量数据。

2. 因 2015 年起商品编码 89031000 和 89039900 项下娱乐、充气划艇及轻舟等商品不再列为船舶，故船舶数量波动较大。

3. 自 2020 年起，医药品名称修改为医药材及药品；自 2021 年起，水海产品名称修改为水产品。

主要商品出口量值（美元）

年 份	机电产品*		高新技术产品 *		自动数据处理设备及其零部件		服装及衣着附件	
	数量	金额（亿美元）	数量	金额（亿美元）	数量	金额（亿美元）	数量	金额（亿美元）
2011	–	10803	–	5473	–	2062	–	1532
2012	–	11793	–	6012	–	2149	–	1591
2013	–	12650	–	6601	–	2108	–	1770
2014	–	13109	–	6605	–	2121	–	1863
2015	–	13101	–	6550	–	1803	–	1742
2016	–	12094	–	6039	–	1624	–	1578
2017	–	13215	–	6674	–	1913	–	1572
2018	–	14607	–	7469	–	2163	–	1576
2019	–	14590	–	7307	–	1969	–	1513
2020	–	15411	–	7767	–	2170	–	1374
2021	–	19854	–	9795	–	2553	–	1702

主要商品出口量值（美元）

续表 1

年 份	电话机		纺织纱线、织物及制品		集成电路		农产品 *	
	数量（亿台）	金额（亿美元）	数量	金额（亿美元）	数量（亿个）	金额（亿美元）	数量	金额（亿美元）
2011	10	648	–	947	905	326	–	601
2012	11	830	–	958	1182	534	–	626
2013	13	972	–	1069	1427	876	–	671
2014	14	1173	–	1121	1535	609	–	713
2015	14	1255	–	1095	1828	690	–	702
2016	14	1171	–	1050	1809	610	–	726
2017	13	1274	–	1098	2044	669	–	751
2018	12	1422	–	1191	2171	846	–	793
2019	11	1260	–	1202	2187	1016	–	786
2020	10	1266	–	1548	2598	1166	–	760
2021	10	1477	–	1452	3107	1538	–	843

主要商品出口量值（美元）

续表 2

年 份	钢材		汽车零配件		家具及其零件		鞋类	
	数量（万吨）	金额（亿美元）	数量	金额（亿美元）	数量	金额（亿美元）	数量（万吨）	金额（亿美元）
2011	4888	513	–	378	–	379	–	417
2012	5573	515	–	416	–	488	–	468
2013	6233	532	–	453	–	518	467	508
2014	9378	708	–	492	–	520	488	562
2015	11239	628	–	468	–	528	447	535
2016	10849	545	–	456	–	478	422	472
2017	7541	545	–	497	–	499	450	482
2018	6934	606	–	550	–	537	448	469
2019	6429	537	–	530	–	541	451	477
2020	5367	455	–	565	–	584	346	381
2021	6686	818	–	756	–	738	429	517

主要商品出口量值（美元）

续表 3

年 份	塑料制品		成品油		灯具、照明装置及零件	
	数量（万吨）	金额（亿美元）	数量（万吨）	金额（亿美元）	数量	金额（亿美元）
2011	795	235	2570	208	–	126
2012	851	316	2427	213	–	195
2013	896	353	2851	245	–	247
2014	951	371	2968	258	–	311
2015	973	377	3615	191	–	357
2016	1040	357	4831	194	–	299
2017	1168	388	5216	254	–	285
2018	1312	435	5864	360	–	301
2019	1423	483	6685	384	–	329
2020	2315	767	6183	255	–	376
2021	2480	990	6030	324	–	493

主要商品出口量值（美元）

续表 4

年份	通断保护电路装置及零件		箱包及类似容器		二极管及类似半导体器件		玩具	
	数量	金额（亿美元）	数量（万吨）	金额（亿美元）	数量（亿个）	金额（亿美元）	数量	金额（亿美元）
2011	–	176	327	239	3122	336	–	108
2012	–	199	302	253	3239	244	–	114
2013	–	216	302	276	3516	251	–	124
2014	–	246	300	271	5672	283	–	141
2015	–	245	284	282	7223	294	–	157
2016	–	247	279	249	7026	243	–	184
2017	–	271	310	266	5953	242	–	239
2018	–	299	316	271	5810	265	–	251
2019	–	307	307	272	5349	321	–	311
2020	–	309	201	206	5796	345	–	335
2021	–	398	244	279	7555	475	–	461

主要商品出口量值（美元）

续表 5

年份	液晶显示板		水产品		陶瓷产品		电线和电缆	
	数量（亿个）	金额（亿美元）	数量（万吨）	金额（亿美元）	数量（万吨）	金额（亿美元）	数量（万吨）	金额（亿美元）
2011	24	295	288	110	2429	141	180	149
2012	32	362	368	181	2494	167	186	166
2013	33	359	384	194	2541	192	195	184
2014	25	318	403	209	2598	221	217	210
2015	23	310	391	196	2526	260	217	201
2016	19	258	409	200	2344	183	224	196
2017	19	256	427	208	2342	192	241	207
2018	18	232	425	220	2260	216	242	216
2019	15	214	419	203	2122	251	229	205
2020	13	198	375	188	1768	251	207	185
2021	14	277	375	216	1862	307	234	242

主要商品出口量值（美元）

续表 6

年份	船舶		静止式变流器		医药材及药品	
	数量（艘）	金额（亿美元）	数量（亿个）	金额（亿美元）	数量（万吨）	金额（亿美元）
2011	2850743	415	33	147	76	118
2012	2741879	359	40	155	76	119
2013	3075731	260	50	176	82	123
2014	3314884	230	53	182	88	134
2015	6700	258	51	178	88	135
2016	8201	202	52	164	95	136
2017	8013	207	54	171	101	151
2018	6899	217	54	179	103	174
2019	6410	203	51	184	110	173
2020	5712	172	54	209	131	230
2021	4691	217	68	279	146	496

主要商品出口量值（美元）

续表 7

年份	未锻轧铝及铝材		印刷电路		新的充气橡胶轮胎	
	数量（万吨）	金额（亿美元）	数量（亿块）	金额（亿美元）	数量（亿条）	金额（亿美元）
2011	376	122	290	126	4	148
2012	346	113	292	137	4	159
2013	364	117	305	133	4	162
2014	434	134	316	138	5	164
2015	476	142	305	140	4	138
2016	458	124	291	128	5	129
2017	479	131	316	140	5	142
2018	580	165	330	153	5	151
2019	573	152	327	146	5	148
2020	486	131	363	151	5	133
2021	562	195	481	208	6	167

注：1. 部分商品因无统一数量单位，故无数量数据。

2. 因 2015 年起商品编码 89031000 和 89039900 项下娱乐、充气划艇及轻舟等商品不再列为船舶，故船舶数量波动较大。

3. 自 2020 年起，医药品名称修改为医药材及药品；自 2021 年起，水海产品名称修改为水产品。

关税配额商品进口量值（人民币）

单位：万吨、亿元

商品名称	2011年		2012年		2013年		2014年		2015年	
	数量	金额	数量	金额	数量	金额	数量	金额	数量	金额
小麦	126	27	370	70	554	117	300	60	301	56
玉米	175	38	521	107	327	58	260	45	473	68
稻谷和大米	60	26	237	73	227	67	258	77	338	93
食糖	292	126	375	142	455	128	349	92	485	110
羊毛	32	186	31	167	35	171	33	149	35	153
毛条	1	4	1	5	1	5	1	5	1	6
棉花	336	615	513	745	415	524	244	306	147	159
化肥	111	38	165	59	160	54	134	46	155	54
尿素	0	0	17	5	3	1	1	0	1	0
含氮、磷、钾的复合肥	102	35	132	48	135	47	111	39	146	51
磷酸氢二铵	9	4	16	7	22	7	23	6	8	3

关税配额商品进口量值（人民币）

续表

商品名称	2016年		2017年		2018年		2019年		2020年		2021年	
	数量	金额	数量	金额	数量	金额	数量	金额	数量	金额	数量	金额
小麦	341	54	442	73	310	56	349	69	838	163	977	199
玉米	317	42	283	41	352	51	479	73	1130	172	2835	518
稻谷和大米	356	106	403	126	308	108	255	89	294	103	496	144
食糖	306	77	229	73	280	67	339	77	527	124	567	148
羊毛	32	155	35	187	37	212	28	164	22	113	29	155
毛条	1	2	1	3	1	4	1	5	0	1	0	1
棉花	90	104	116	149	157	210	185	245	216	245	215	266
化肥	123	38	122	33	169	49	158	49	147	44	126	44
尿素	7	1	11	2	16	3	18	3	0	0	5	2
含氮、磷、钾的复合肥	113	36	111	31	146	44	139	46	140	43	121	42
磷酸氢二铵	3	1	0	0	6	2	0	0	6	1	0	0

关税配额商品进口量值（美元）

单位：万吨、亿美元

商品名称	2011 年		2012 年		2013 年		2014 年		2015 年	
	数量	金额	数量	金额	数量	金额	数量	金额	数量	金额
小麦	126	4	370	11	554	19	300	10	301	9
玉米	175	6	521	17	327	9	260	7	473	11
稻谷和大米	60	4	237	12	227	11	258	13	338	15
食糖	292	19	375	22	455	21	349	15	485	18
羊毛	32	29	31	26	35	28	33	24	35	25
毛条	1	1	1	1	1	1	1	1	1	1
棉花	336	95	513	118	415	84	244	50	147	26
化肥	111	6	165	9	160	9	134	7	155	9
尿素	0	0	17	1	3	0	1	0	1	0
含氮、磷、钾的复合肥	102	5	132	8	135	8	111	6	146	8
磷酸氢二铵	9	1	16	1	22	1	23	1	8	0

关税配额商品进口量值（美元）

续表

商品名称	2016 年		2017 年		2018 年		2019 年		2020 年		2021 年	
	数量	金额	数量	金额	数量	金额	数量	金额	数量	金额	数量	金额
小麦	341	8	442	11	310	9	349	10	838	23	977	31
玉米	317	6	283	6	352	8	479	11	1130	25	2835	80
稻谷和大米	356	16	403	19	308	16	255	13	294	15	496	22
食糖	306	12	229	11	280	10	339	11	527	18	567	23
羊毛	32	23	35	28	37	32	28	24	22	16	29	24
毛条	1	0	1	0	1	1	1	1	0	0	0	0
棉花	90	16	116	22	157	32	185	36	216	36	215	41
化肥	123	6	122	5	169	7	158	7	147	6	126	6
尿素	7	0	11	0	16	0	18	0	0	0	5	0
含氮、磷、钾的复合肥	113	6	111	5	146	7	139	7	140	6	121	6
磷酸氢二铵	3	0	0	0	6	0	0	0	6	0	0	0

重点商品主要国家（地区）进口总额
——铁矿砂

国家（地区）	亿元人民币			亿美元		
	2019 年	2020 年	2021 年	2019 年	2020 年	2021 年
澳大利亚	4274	4949	7205	620	715	1114
巴西	1539	1787	2538	223	259	393
南非	301	340	467	44	49	72
印度	155	280	307	22	40	47

注：按 2021 年人民币值降序排列。

重点商品主要国家（地区）进口量及占比
——铁矿砂

国家（地区）	万　吨			占比（%）		
	2019 年	2020 年	2021 年	2019 年	2020 年	2021 年
澳大利亚	66438	71262	69317	62.2	60.9	61.7
巴西	22753	23560	23715	21.3	20.1	21.1
南非	4284	4638	4024	4.0	4.0	3.6
印度	2379	4475	3340	2.2	3.8	3.0

注：按 2021 年数量降序排列。

重点商品主要国家（地区）进口总额——大豆

国家（地区）	亿元人民币			亿美元		
	2019 年	2020 年	2021 年	2019 年	2020 年	2021 年
巴西	1582	1742	2139	230	249	331
美国	462	723	1093	67	106	169
阿根廷	249	202	139	36	29	21

注：按 2021 年人民币值降序排列。

重点商品主要国家（地区）进口量及占比——大豆

国家（地区）	万　吨			占比（%）		
	2019 年	2020 年	2021 年	2019 年	2020 年	2021 年
巴西	5768	6428	5815	65. 2	64. 1	60. 2
美国	1694	2588	3230	19. 1	25. 8	33. 5
阿根廷	879	746	375	9. 9	7. 4	3. 9

注：按 2021 年数量降序排列。

重点商品主要国家（地区）进口总额——煤

国家（地区）	亿元人民币			亿美元		
	2019 年	2020 年	2021 年	2019 年	2020 年	2021 年
印度尼西亚	468	443	1157	68	64	179
俄罗斯	185	185	467	27	27	72
加拿大	46	48	185	7	7	29
美国	11	8	177	2	1	27

注：按 2021 年人民币值降序排列。

重点商品主要国家（地区）进口量及占比——煤

国家（地区）	万　吨			占比（%）		
	2019 年	2020 年	2021 年	2019 年	2020 年	2021 年
印度尼西亚	13753	14092	19545	45.9	46.4	60.5
俄罗斯	3205	3957	5673	10.7	13.0	17.6
蒙古	3621	2855	1644	12.1	9.4	5.1
澳大利亚	7689	7751	1171	25.7	25.5	3.6

注：按 2021 年数量降序排列。

重点商品主要国家（地区）进口总额——原油

国家（地区）	亿元人民币			亿美元		
	2019 年	2020 年	2021 年	2019 年	2020 年	2021 年
沙特阿拉伯	2772	1936	2838	402	280	439
俄罗斯	2580	1889	2614	374	273	405
伊拉克	1646	1330	1710	239	192	265
阿曼	1143	885	1451	166	128	225
安哥拉	1598	962	1282	232	139	199
阿联酋	520	672	1056	75	97	164
巴西	1321	965	991	192	139	153
科威特	745	619	988	108	90	153
马来西亚	389	262	573	56	38	89
挪威	35	296	431	5	43	67

注：按 2021 年人民币值降序排列。

重点商品主要国家（地区）进口量及占比——原油

国家（地区）	万　吨			占比（%）		
	2019 年	2020 年	2021 年	2019 年	2020 年	2021 年
沙特阿拉伯	8333	8493	8757	16. 5	15. 7	17. 1
俄罗斯	7764	8349	7964	15. 4	15. 4	15. 5
伊拉克	5180	6012	5408	10. 2	11. 1	10. 5
阿曼	3387	3784	4482	6. 7	7. 0	8. 7
安哥拉	4734	4178	3915	9. 4	7. 7	7. 6
阿联酋	1528	3117	3194	3. 0	5. 8	6. 2
巴西	4016	4220	3030	7. 9	7. 8	5. 9
科威特	2269	2750	3016	4. 5	5. 1	5. 9
马来西亚	1203	1246	1854	2. 4	2. 3	3. 6
挪威	102	1271	1319	0. 2	2. 3	2. 6

注：按 2021 年数量降序排列。

重点商品主要国家（地区）进口总额
——天然气

国家（地区）	亿元人民币			亿美元		
	2019 年	2020 年	2021 年	2019 年	2020 年	2021 年
澳大利亚	902	715	1052	131	103	163
土库曼斯坦	593	416	439	86	60	68
美国	8	74	401	1	11	62
卡塔尔	322	232	314	47	34	49
俄罗斯	79	162	276	11	24	43
马来西亚	186	120	263	27	17	41
印度尼西亚	145	122	178	21	18	28
巴布亚新几内亚	103	73	110	15	11	17
缅甸	121	99	91	18	14	14
哈萨克斯坦	103	95	73	15	14	11

注：按 2021 年人民币值降序排列。

重点商品主要国家（地区）进口量及占比
——天然气

国家（地区）	万　吨			占比（%）		
	2019 年	2020 年	2021 年	2019 年	2020 年	2021 年
澳大利亚	2777	2894	3110	28.8	28.6	25.6
土库曼斯坦	2406	2070	2400	24.9	20.4	19.8
俄罗斯	251	802	1205	2.6	7.9	9.9
美国	26	315	898	0.3	3.1	7.4
卡塔尔	832	815	898	8.6	8.0	7.4
马来西亚	688	603	823	7.1	6.0	6.8
印度尼西亚	452	512	511	4.7	5.1	4.2
哈萨克斯坦	513	533	464	5.3	5.3	3.8
乌兹别克斯坦	370	250	325	3.8	2.5	2.7
巴布亚新几内亚	292	300	317	3.0	3.0	2.6

注：按 2021 年数量降序排列。

重点商品主要国家（地区）进口总额
——铜材

国家（地区）	亿元人民币			亿美元		
	2019 年	2020 年	2021 年	2019 年	2020 年	2021 年
智利	510	618	542	74	89	84
刚果（金）	102	257	373	15	37	58
赞比亚	212	218	259	31	32	40
俄罗斯	112	193	252	16	28	39
韩国	136	148	238	20	21	37
日本	157	222	228	23	32	35
中国台湾	135	143	174	20	21	27
哈萨克斯坦	120	127	158	17	18	25
澳大利亚	60	91	96	9	13	15
秘鲁	74	92	93	11	13	14

注：按 2021 年人民币值降序排列。

重点商品主要国家（地区）进口量及占比
——铜材

国家（地区）	万　吨			占比（%）		
	2019 年	2020 年	2021 年	2019 年	2020 年	2021 年
智利	120	144	90	24.1	21.6	16.3
刚果（金）	25	60	62	5.0	9.0	11.3
赞比亚	52	51	44	10.4	7.6	7.9
俄罗斯	27	44	43	5.4	6.6	7.7
韩国	27	29	36	5.4	4.3	6.5
日本	26	40	30	5.2	6.0	5.4
哈萨克斯坦	29	30	26	5.8	4.5	4.8
中国台湾	20	21	20	4.0	3.1	3.7
澳大利亚	14	21	16	2.8	3.1	2.9
秘鲁	18	21	15	3.6	3.1	2.8

注：按 2021 年数量降序排列。

重点商品主要国家（地区）进口总额
——汽车

国家（地区）	亿元人民币			亿美元		
	2019 年	2020 年	2021 年	2019 年	2020 年	2021 年
德国	994	987	1070	145	142	165
美国	626	600	727	91	87	112
日本	759	708	576	110	102	89
斯洛伐克	334	370	384	49	53	59
英国	265	249	319	38	36	49
奥地利	69	54	95	10	8	15

注：按 2021 年人民币值降序排列。

重点商品主要国家（地区）进口量及占比
——汽车

国家（地区）	万　辆			占比（%）		
	2019 年	2020 年	2021 年	2019 年	2020 年	2021 年
德国	28	25	27	26.7	27.2	28.9
日本	33	32	26	31.4	34.8	27.8
美国	19	14	16	18.1	15.2	17.4
斯洛伐克	7	8	8	6.7	8.7	8.7
英国	6	6	6	5.7	6.5	6.5
瑞典	2	2	3	1.9	2.2	2.8

注：按 2021 年数量降序排列。

重点商品主要国家（地区）进口总额
——集成电路

国家（地区）	亿元人民币			亿美元		
	2019 年	2020 年	2021 年	2019 年	2020 年	2021 年
中国台湾	6835	8563	10015	990	1239	1551
韩国	4370	4751	5694	634	686	882
中国	2612	2809	3767	379	406	583
马来西亚	2117	2100	2170	307	303	336
日本	1183	1252	1422	171	181	220
越南	923	1401	1201	133	202	186
美国	934	983	1013	136	142	157

注：按 2021 年人民币值降序排列。

重点商品主要国家（地区）进口量及占比
——集成电路

国家（地区）	亿　个			占比（%）		
	2019 年	2020 年	2021 年	2019 年	2020 年	2021 年
中国台湾	1399	1814	2017	31.4	33.4	31.7
中国	847	1003	1237	19.0	18.5	19.5
韩国	428	595	628	9.6	10.9	9.9
美国	363	397	493	8.2	7.3	7.8
日本	344	415	491	7.7	7.6	7.7
马来西亚	245	266	332	5.5	4.9	5.2
新加坡	151	177	266	3.4	3.3	4.2

注：按 2021 年数量降序排列。

重点商品主要国家（地区）出口总额
——钢材

国家（地区）	亿元人民币			亿美元		
	2019 年	2020 年	2021 年	2019 年	2020 年	2021 年
韩国	391	280	474	57	40	73
菲律宾	165	184	387	24	27	60
越南	279	227	359	41	33	56
泰国	188	182	276	27	26	43
印度	149	94	203	22	14	31
印度尼西亚	172	113	199	25	16	31
巴西	51	56	180	7	8	28
土耳其	46	50	153	7	7	24
美国	122	94	134	18	14	21
阿联酋	91	86	132	13	12	21

注：按 2021 年人民币值降序排列。

重点商品主要国家（地区）出口量及占比
——钢材

国家（地区）	万　吨			占比（%）		
	2019 年	2020 年	2021 年	2019 年	2020 年	2021 年
韩国	830	557	710	12. 9	10. 4	10. 6
越南	595	446	563	9. 2	8. 3	8. 4
泰国	377	365	379	5. 9	6. 8	5. 7
菲律宾	334	299	357	5. 2	5. 6	5. 3
印度尼西亚	335	217	280	5. 2	4. 0	4. 2
巴西	85	94	257	1. 3	1. 8	3. 8
土耳其	59	67	181	0. 9	1. 3	2. 7
阿联酋	148	141	172	2. 3	2. 6	2. 6
智利	127	103	159	2. 0	1. 9	2. 4
秘鲁	109	117	151	1. 7	2. 2	2. 3

注：按 2021 年数量降序排列。

重点商品主要国家（地区）出口总额——手机

国家（地区）	亿元人民币			亿美元		
	2019 年	2020 年	2021 年	2019 年	2020 年	2021 年
美国	2117	2215	2534	305	322	393
中国香港	2025	1943	2319	292	282	359
荷兰	456	550	522	66	80	81
日本	441	452	487	64	66	75
英国	284	272	259	41	40	40
俄罗斯	206	219	257	30	32	40
阿联酋	240	218	199	35	31	31
德国	142	214	172	20	31	27
墨西哥	141	117	153	20	17	24
捷克	227	210	148	33	30	23

注：按 2021 年人民币值降序排列。

重点商品主要国家（地区）出口量及占比——手机

国家（地区）	万　台			占比（%）		
	2019 年	2020 年	2021 年	2019 年	2020 年	2021 年
中国香港	43236	36865	34072	43.5	38.1	35.7
美国	9921	9948	11128	10.0	10.3	11.7
阿联酋	3791	4056	4640	3.8	4.2	4.9
俄罗斯	2815	2721	2809	2.8	2.8	2.9
巴基斯坦	993	2272	2283	1.0	2.4	2.4
日本	2068	2050	2266	2.1	2.1	2.4
墨西哥	1417	1724	2119	1.4	1.8	2.2
印度尼西亚	1643	1532	2030	1.7	1.6	2.1
尼日利亚	1504	1856	1903	1.5	1.9	2.0
荷兰	1953	2229	1860	2.0	2.3	1.9

注：按 2021 年数量降序排列。

重点商品主要国家（地区）出口总额
——笔记本电脑

国家(地区)	亿元人民币			亿美元		
	2019年	2020年	2021年	2019年	2020年	2021年
美国	1897	2341	2552	275	338	395
荷兰	568	598	601	82	86	93
德国	344	419	568	50	60	88
日本	313	398	343	45	57	53
印度	186	216	336	27	31	52
中国香港	239	294	330	35	42	51
英国	192	264	292	28	38	45
澳大利亚	134	157	160	19	23	25
俄罗斯	73	102	117	11	15	18
阿联酋	82	93	113	12	13	17

注：按2021年人民币值降序排列。

重点商品主要国家（地区）出口量及占比
——笔记本电脑

国家(地区)	万　台			占比(%)		
	2019年	2020年	2021年	2019年	2020年	2021年
美国	5097	6772	8046	35.3	37.4	36.3
德国	1025	1275	1793	7.1	7.0	8.1
荷兰	1351	1473	1638	9.4	8.1	7.4
日本	847	1219	1048	5.9	6.7	4.7
印度	709	673	1000	4.9	3.7	4.5
中国香港	754	814	947	5.2	4.5	4.3
英国	479	809	925	3.3	4.5	4.2
俄罗斯	249	339	400	1.7	1.9	1.8
阿联酋	263	299	394	1.8	1.7	1.8
澳大利亚	293	375	393	2.0	2.1	1.8

注：按2021年数量降序排列。

重点商品主要国家（地区）出口总额——汽车

国家（地区）	亿元人民币			亿美元		
	2019 年	2020 年	2021 年	2019 年	2020 年	2021 年
比利时	5	32	199	1	5	31
英国	20	37	145	3	5	22
俄罗斯	48	48	128	7	7	20
智利	49	40	119	7	6	18
沙特阿拉伯	67	104	119	10	15	18
澳大利亚	29	37	106	4	5	16
越南	34	36	83	5	5	13
德国	11	27	78	2	4	12
美国	59	57	66	9	8	10
墨西哥	74	28	60	11	4	9

注：按 2021 年人民币值降序排列。

重点商品主要国家（地区）出口量及占比——汽车

国家（地区）	万　辆			占比（%）		
	2019 年	2020 年	2021 年	2019 年	2020 年	2021 年
智利	8	6	19	6.2	5.2	9.0
沙特阿拉伯	6	10	13	4.6	9.1	6.3
俄罗斯	4	4	12	3.2	4.0	5.7
比利时	0	2	11	0.1	1.7	5.2
澳大利亚	3	4	10	2.1	3.7	4.5
墨西哥	11	4	9	9.2	3.3	4.5
埃及	4	6	9	2.9	5.6	4.2
孟加拉国	15	8	9	11.8	7.4	4.1
英国	2	3	8	1.5	2.4	3.7
秘鲁	8	5	6	6.7	4.6	2.8

注：按 2021 年数量降序排列。

重点商品主要国家（地区）出口总额
——机电产品

国家（地区）	亿元人民币			亿美元		
	2019年	2020年	2021年	2019年	2020年	2021年
美国	17867	19218	22569	2591	2779	3493
中国香港	15057	15241	18360	2182	2208	2843
日本	5321	5372	5802	772	776	898
韩国	4339	4384	5227	630	633	809
越南	3545	4465	4958	514	646	767
德国	3572	3810	4907	518	551	760
荷兰	3648	3912	4595	528	566	711
印度	2944	2764	3689	427	400	571
中国台湾	2593	2956	3500	376	427	542
英国	2330	2608	3105	338	377	481

注：1. 因该类商品无统一数量单位，故只汇总金额。
2. 按2021年人民币值降序排列。

重点商品主要国家（地区）出口总额
——纺织服装

国家（地区）	亿元人民币			亿美元		
	2019年	2020年	2021年	2019年	2020年	2021年
美国	3112	3766	3640	452	542	563
日本	1371	1497	1295	199	216	200
越南	1030	1030	1138	149	149	176
韩国	602	631	650	87	91	101
德国	541	811	609	78	116	94
英国	483	879	579	70	126	90
孟加拉国	453	375	553	66	54	86
俄罗斯	610	521	456	88	75	71
澳大利亚	345	418	441	50	60	68
马来西亚	206	280	419	30	41	65

注：1. 因该类商品无统一数量单位，故只汇总金额。
2. 纺织服装包括纺织纱线、服装及衣着附件。
3. 按2021年人民币值降序排列。

重点商品主要国家（地区）出口总额
——家具

国家（地区）	亿元人民币			亿美元		
	2019 年	2020 年	2021 年	2019 年	2020 年	2021 年
美国	1133	1133	1384	165	164	214
英国	196	217	253	28	31	39
澳大利亚	149	192	219	22	28	34
日本	210	204	217	30	29	34
德国	149	164	203	22	24	31
韩国	130	171	195	19	25	30
加拿大	125	135	156	18	20	24
马来西亚	92	121	137	13	17	21
荷兰	87	101	130	13	15	20
法国	96	93	123	14	14	19

注：1. 因该类商品无统一数量单位，故只汇总金额。
2. 按 2021 年人民币值降序排列。

重点商品主要国家（地区）出口总额
——玩具

国家（地区）	亿元人民币			亿美元		
	2019 年	2020 年	2021 年	2019 年	2020 年	2021 年
美国	555	591	870	80	85	135
英国	122	117	135	18	17	21
日本	73	91	116	11	13	18
韩国	49	68	107	7	10	17
德国	83	79	107	12	11	17
荷兰	67	65	99	10	9	15
墨西哥	64	52	91	9	8	14
俄罗斯	57	80	83	8	12	13
澳大利亚	46	57	71	7	8	11
马来西亚	51	58	68	7	8	10

注：1. 因该类商品无统一数量单位，故只汇总金额。
2. 按 2021 年人民币值降序排列。

重点商品年度进口总额（人民币）

单位：亿元

年 份	铁矿砂	原 油	煤	天然气	大 豆	铜 材	集成电路	汽 车
2000	150	1217	6	0	188	290	1101	98
2001	207	965	7	0	233	290	1373	142
2002	229	1056	28	0	205	367	1769	262
2003	402	1637	30	0	448	464	2932	430
2004	1051	2807	74	0	578	639	4523	439
2005	1514	3927	114	0	640	768	6102	419
2006	1678	5328	130	9	601	993	7747	600
2007	2608	6140	188	46	881	1510	9767	833
2008	4279	9091	260	66	1528	1350	9052	1067
2009	3426	6098	745	88	1283	1548	8190	1043
2010	5409	9179	1234	272	1701	2230	10652	2076
2011	7303	12774	1547	674	1932	2386	11044	2803
2012	6045	13941	1813	1064	2209	2438	12132	2996
2013	6587	13638	1805	1273	2357	2176	14359	3020
2014	5739	14016	1366	1464	2473	2185	13366	3725
2015	3562	8326	750	1146	2158	1802	14294	2773
2016	3809	7698	938	1089	2246	1741	15005	2942
2017	5175	11003	1536	1574	2688	2115	17592	3422
2018	4984	15882	1613	2552	2503	2469	20584	3331
2019	6986	16702	1605	2873	2437	2240	21078	3332
2020	8229	12218	1411	2315	2743	2988	24207	3216
2021	11851	16652	2328	3596	3459	3388	27934	3489

重点商品年度进口总额（美元）

单位：亿美元

年　份	铁矿砂	原　油	煤	天然气	大　豆	铜　材	集成电路	汽　车
2000	18	147	1	0	23	35	133	12
2001	25	117	1	0	28	35	166	17
2002	28	128	3	0	25	44	214	32
2003	49	198	4	0	54	56	354	52
2004	127	339	9	0	70	77	547	53
2005	184	477	14	0	78	93	743	51
2006	209	664	16	1	75	124	969	75
2007	338	799	24	6	115	197	1277	109
2008	607	1293	37	9	218	192	1293	151
2009	501	893	109	13	188	227	1199	154
2010	798	1353	182	40	251	329	1570	306
2011	1124	1968	239	104	297	368	1702	432
2012	957	2208	287	168	350	386	1921	475
2013	1061	2197	290	205	380	351	2312	487
2014	935	2283	223	238	403	356	2176	606
2015	574	1343	121	185	348	290	2299	447
2016	577	1165	142	165	340	264	2270	445
2017	763	1623	226	233	396	313	2601	505
2018	755	2403	246	385	381	375	3121	505
2019	1013	2424	234	417	353	325	3055	484
2020	1189	1763	202	335	395	432	3500	463
2021	1833	2579	360	557	535	525	4325	539

重点商品年度出口总额（人民币）

单位：亿元

年　份	机电产品	服装及衣着附件	家　具	玩　具	钢　材	手　机	笔记本电脑	汽　车
2000	8613	2976	294	411	184	220	17	15
2001	9708	3025	328	381	154	341	57	16
2002	12739	3408	444	417	181	437	182	20
2003	18533	4297	604	448	257	610	937	28
2004	26424	5099	841	475	690	1172	1720	51
2005	34633	6077	1110	482	1078	1695	2455	142
2006	43459	7622	1372	496	2100	2497	3076	231
2007	53253	8837	1700	649	3402	2726	4063	513
2008	57134	8423	1893	603	4445	2697	4595	625
2009	48262	7313	1729	532	1521	2702	4553	320
2010	63293	8781	2237	684	2502	3168	6463	420
2011	70121	9942	2463	702	3333	4067	6864	645
2012	74463	10050	3082	723	3252	5116	7184	800
2013	78532	10981	3219	767	3306	5895	6875	743
2014	80527	11445	3195	869	4350	7085	4654	769
2015	81421	10816	3276	973	3889	7711	4013	696
2016	79820	10413	3151	1216	3587	7643	3852	706
2017	89465	10656	3385	1621	3700	8509	4662	897
2018	96457	10413	3544	1662	3984	9343	4921	971
2019	100626	10446	3730	2152	3699	8611	5088	1049
2020	106608	9520	4039	2317	3151	8647	6125	1090
2021	128268	10998	4771	2980	5287	9447	7006	2226

重点商品年度出口总额（美元）

单位：亿美元

年份	机电产品	服装及衣着附件	家具	玩具	钢材	手机	笔记本电脑	汽车
2000	1040	359	35	50	22	27	2	2
2001	1173	365	40	46	19	41	7	2
2002	1539	412	54	50	22	53	22	2
2003	2238	519	73	54	31	74	113	3
2004	3193	616	102	57	83	142	208	6
2005	4215	739	135	59	131	206	299	17
2006	5430	952	171	62	262	312	385	29
2007	6951	1152	222	85	441	356	531	67
2008	8143	1202	269	86	635	385	656	89
2009	7071	1071	253	78	223	396	666	47
2010	9334	1295	330	101	368	467	953	62
2011	10803	1532	379	108	513	628	1059	99
2012	11793	1591	488	114	515	810	1138	127
2013	12650	1770	518	124	532	951	1108	120
2014	13109	1863	520	141	708	1154	758	125
2015	13101	1742	528	157	628	1237	646	112
2016	12094	1578	478	184	545	1155	583	107
2017	13215	1572	499	239	545	1261	689	133
2018	14607	1576	537	251	606	1406	745	148
2019	14590	1513	541	311	537	1244	738	152
2020	15411	1374	584	335	455	1255	885	157
2021	19854	1702	738	461	818	1463	1085	345

商品构成进口总额（HS2）

类 章	亿元人民币			亿美元		
	2019 年	2020 年	2021 年	2019 年	2020 年	2021 年
总　额	**143254**	**142231**	**173661**	**20784**	**20556**	**26875**
第一类 活动物；动物产品	**2896**	**3559**	**3690**	**420**	**513**	**570**
01 章 活动物	34	44	61	5	6	9
02 章 肉及食用杂碎	1301	2100	2042	188	303	316
03 章 鱼、甲壳动物、软体动物及其他水生无脊椎动物	1064	858	892	154	124	138
04 章 乳品；蛋品；天然蜂蜜；其他食用动物产品	438	504	627	63	73	97
05 章 其他动物产品	59	53	68	9	8	10
第二类 植物产品	**4235**	**4969**	**6684**	**615**	**717**	**1034**
06 章 活树及其他活植物；鳞茎、根及类似品；插花及装饰用簇叶	19	17	16	3	2	2
07 章 食用蔬菜、根及块茎	108	136	185	16	20	29
08 章 食用水果及坚果；甜瓜或柑橘属水果的果皮	802	833	1029	117	120	159
09 章 咖啡、茶、马黛茶及调味香料	66	85	109	10	12	17
10 章 谷物	348	644	1290	51	93	199
11 章 制粉工业产品；麦芽；淀粉；菊粉；面筋	91	100	126	13	14	20
12 章 含油子仁及果实；杂项子仁及果实；工业用或药用植物；稻草、秸秆及饲料	2763	3120	3885	401	450	601
13 章 虫胶；树胶、树脂及其他植物液、汁	28	26	30	4	4	5
14 章 编结用植物材料；其他植物产品	10	9	14	1	1	2
第三类 动、植物油、脂及其分解产品；精制的食用油脂；动、植物蜡	**686**	**778**	**1033**	**99**	**113**	**160**
15 章 动、植物油、脂及其分解产品；精制的食用油脂；动、植物蜡	686	778	1033	99	113	160
第四类 食品；饮料、酒及醋；烟草、烟草及烟草代用品的制品	**1854**	**1933**	**2102**	**269**	**280**	**324**
16 章 肉、鱼、甲壳动物、软体动物及其他水生无脊椎动物的制品	27	24	25	4	4	4
17 章 糖及糖食	111	181	204	16	26	31

商品构成进口总额（HS2）

续表 1

类　章	亿元人民币			亿美元		
	2019 年	2020 年	2021 年	2019 年	2020 年	2021 年
18 章 可可及可可制品	56	53	67	8	8	10
19 章 谷物、粮食粉、淀粉或乳的制品；糕饼点心	497	508	441	72	73	68
20 章 蔬菜、水果、坚果或植物其他部分的制品	103	93	110	15	13	17
21 章 杂项食品	254	309	313	37	45	48
22 章 饮料、酒及醋	401	351	427	58	51	66
23 章 食品工业的残渣及废料；配制的动物饲料	273	332	421	40	48	65
24 章 烟草、烟草及烟草代用品的制品	131	81	94	19	12	15
第五类 矿产品	**35854**	**31472**	**44427**	**5204**	**4545**	**6877**
25 章 盐；硫磺；泥土及石料；石膏料、石灰及水泥	561	476	627	81	69	97
26 章 矿砂、矿渣及矿灰	11373	12454	17673	1650	1800	2734
27 章 矿物燃料、矿物油及其蒸馏产品；沥青物质；矿物蜡	23920	18542	26127	3472	2676	4046
第六类 化学工业及其相关工业的产品	**10671**	**10427**	**12277**	**1549**	**1505**	**1900**
28 章 无机化学品；贵金属、稀土金属、放射性元素及其同位素的有机及无机化合物	715	764	960	104	110	149
29 章 有机化学品	3957	3159	3890	576	456	602
30 章 药品	2317	2422	2704	336	349	419
31 章 肥料	243	202	179	35	29	28
32 章 鞣料浸膏及染料浸膏；鞣酸及其衍生物；染料、颜料及其他着色料；油漆及清漆；油灰及其他类似胶粘剂；墨水、油墨	347	334	390	50	48	60
33 章 精油及香膏；芳香料制品及化妆盥洗品	1111	1417	1561	161	205	241
34 章 肥皂、有机表面活性剂、洗涤剂、润滑剂、人造蜡、调制蜡、光洁剂、蜡烛及类似品、塑型用膏、“牙科用蜡”及牙科用熟石膏制剂	328	347	480	48	50	74

商品构成进口总额（HS2）

续表 2

类 章	亿元人民币			亿美元		
	2019 年	2020 年	2021 年	2019 年	2020 年	2021 年
35 章 蛋白类物质；改性淀粉；胶；酶	254	272	307	37	39	48
36 章 炸药；烟火制品；火柴；引火合金；易燃材料制品	8	6	7	1	1	1
37 章 照相及电影用品	187	201	235	27	29	36
38 章 杂项化学产品	1206	1303	1564	175	188	242
第七类 塑料及其制品；橡胶及其制品	**5992**	**6029**	**6555**	**870**	**872**	**1014**
39 章 塑料及其制品	4932	4914	5352	716	710	828
40 章 橡胶及其制品	1060	1114	1203	154	161	186
第八类 生皮、皮革、毛皮及其制品；鞍具及挽具；旅行用品、手提包及类似品；动物肠线（蚕胶丝除外）制品	**597**	**558**	**758**	**87**	**81**	**117**
41 章 生皮（毛皮除外）及皮革	252	188	245	37	27	38
42 章 皮革制品；鞍具及挽具；旅行用品、手提包及类似容器；动物肠线（蚕胶丝除外）制品	275	333	452	40	48	70
43 章 毛皮、人造毛皮及其制品	70	37	61	10	5	9
第九类 木及木制品；木炭；软木及软木制品；稻草、秸秆、针茅或其他编结材料制品；篮筐及柳条编结品	**1516**	**1403**	**1570**	**220**	**202**	**242**
44 章 木及木制品；木炭	1512	1399	1566	220	202	242
45 章 软木及软木制品	3	2	3	0	0	0
46 章 稻草、秸秆、针茅或其他编结材料制品；篮筐及柳条编结品	1	1	1	0	0	0
第十类 木浆及其他纤维状纤维素浆；回收（废碎）纸或纸板；纸、纸板及其制品	**1837**	**1828**	**2028**	**267**	**264**	**314**
47 章 木浆及其他纤维状纤维素浆；回收（废碎）纸或纸板	1312	1171	1305	191	169	202
48 章 纸及纸板；纸浆、纸或纸板制品	363	504	570	53	73	88
49 章 书籍、报纸、印刷图画及其他印刷品；手稿、打字稿及设计图纸	163	153	153	24	22	24
第十一类 纺织原料及纺织制品	**2214**	**2031**	**2294**	**322**	**294**	**356**

商品构成进口总额（HS2）

续表 3

类　章	亿元人民币			亿美元		
	2019 年	2020 年	2021 年	2019 年	2020 年	2021 年
50 章 蚕丝	4	3	6	1	0	1
51 章 羊毛、动物细毛或粗毛；马毛纱线及其机织物	221	159	207	32	23	32
52 章 棉花	634	571	685	92	83	106
53 章 其他植物纺织纤维；纸纱线及其机织物	73	56	66	11	8	10
54 章 化学纤维长丝；化学纤维纺织材料制扁条及类似品	198	153	179	29	22	28
55 章 化学纤维短纤	155	113	116	23	16	18
56 章 絮胎、毡呢及无纺织物；特种纱线；线、绳、索、缆及其制品	86	103	94	12	15	15
57 章 地毯及纺织材料的其他铺地制品	8	5	7	1	1	1
58 章 特种机织物；簇绒织物；花边；装饰毯；装饰带；刺绣品	31	23	26	5	3	4
59 章 浸渍、涂布、包覆或层压的纺织物；工业用纺织制品	116	101	108	17	15	17
60 章 针织物及钩编织物	94	71	74	14	10	11
61 章 针织或钩编的服装及衣着附件	252	243	302	37	35	47
62 章 非针织或非钩编的服装及衣着附件	309	328	393	45	47	61
63 章 其他纺织制成品；成套物品；旧衣着及旧纺织品；碎织物	33	100	31	5	14	5
第十二类 鞋、帽、伞、杖、鞭及其零件；已加工的羽毛及其制品；人造花；人发制品	**421**	**449**	**499**	**61**	**65**	**78**
64 章 鞋靴、护腿和类似品及其零件	389	414	418	56	60	65
65 章 帽类及其零件	9	13	18	1	2	3
66 章 雨伞、阳伞、手杖、鞭子、马鞭及其零件	1	1	1	0	0	0
67 章 已加工羽毛、羽绒及其制品；人造花；人发制品	22	22	62	3	3	10
第十三类 石料、石膏、水泥、石棉、云母及类似材料的制品；陶瓷产品；玻璃及其制品	**733**	**763**	**824**	**106**	**110**	**128**

商品构成进口总额（HS2）

续表 4

类　章	亿元人民币			亿美元		
	2019 年	2020 年	2021 年	2019 年	2020 年	2021 年
68 章 石料、石膏、水泥、石棉、云母及类似材料的制品	122	126	147	18	18	23
69 章 陶瓷产品	88	93	123	13	13	19
70 章 玻璃及其制品	523	544	554	76	79	86
第十四类 天然或养殖珍珠、宝石或半宝石、贵金属、包贵金属及其制品；仿首饰；硬币	**4157**	**2193**	**4998**	**605**	**317**	**774**
71 章 天然或养殖珍珠、宝石或半宝石、贵金属、包贵金属及其制品；仿首饰；硬币	4157	2193	4998	605	317	774
第十五类 贱金属及其制品	**6645**	**8169**	**10013**	**964**	**1181**	**1551**
72 章 钢铁	1615	2549	2815	234	368	436
73 章 钢铁制品	679	656	689	99	95	107
74 章 铜及其制品	2800	3359	4268	406	485	661
75 章 镍及其制品	384	292	550	56	42	85
76 章 铝及其制品	399	564	806	58	81	125
77 章（保留为协调制度将来所用）						
78 章 铅及其制品	25	8	7	4	1	1
79 章 锌及其制品	144	137	109	21	20	17
80 章 锡及其制品	11	28	18	2	4	3
81 章 其他贱金属、金属陶瓷及其制品	215	235	382	31	34	59
82 章 贱金属工具、器具、利口器、餐匙、餐叉及其零件	242	215	224	35	31	35
83 章 贱金属杂项制品	131	125	145	19	18	22
第十六类 机器、机械器具、电气设备及其零件；录音机及放声机、电视图像、声音的录制和重放设备及其零件、附件	**47441**	**51207**	**58136**	**6878**	**7407**	**8999**
84 章 核反应堆、锅炉、机器、机械器具及其零件	13118	13281	14945	1904	1920	2312
85 章 电机、电气设备及其零件；录音机及放声机、电视图像、声音的录制和重放设备及其零件、附件	34323	37926	43191	4974	5487	6687

商品构成进口总额（HS2）

续表 5

类　章	亿元人民币			亿美元		
	2019 年	2020 年	2021 年	2019 年	2020 年	2021 年
第十七类 车辆、航空器、船舶及有关运输设备	**6706**	**5980**	**6711**	**974**	**864**	**1037**
86 章 铁道及电车道机车、车辆及其零件；铁道及电车道轨道固定装置及其零件、附件；各种机械（包括电动机械）交通信号设备	49	50	38	7	7	6
87 章 车辆及其零件、附件，但铁道及电车道车辆除外	5176	5129	5591	751	740	864
88 章 航空器、航天器及其零件	1330	650	841	193	95	130
89 章 船舶及浮动结构体	151	152	241	22	22	37
第十八类 光学、照相、电影、计量、检验、医疗或外科用仪器及设备、精密仪器及设备；钟表；乐器；上述物品的零件、附件	**7125**	**7190**	**7463**	**1034**	**1040**	**1156**
90 章 光学、照相、电影、计量、检验、医疗或外科用仪器及设备、精密仪器及设备；上述物品的零件、附件	6805	6851	7054	987	991	1092
91 章 钟表及其零件	284	308	372	41	45	58
92 章 乐器及其零件、附件	36	31	37	5	4	6
第十九类 武器、弹药及其零件、附件	**1**	**1**	**0**	**0**	**0**	**0**
93 章 武器、弹药及其零件、附件	1	1	0	0	0	0
第二十类 杂项制品	**580**	**491**	**533**	**84**	**71**	**82**
94 章 家具；寝具、褥垫、弹簧床垫、软坐垫及类似的填充制品；未列名灯具及照明装置；发光标志、发光铭牌及类似品；活动房屋	243	200	207	35	29	32
95 章 玩具、游戏品、运动用品及其零件、附件	174	159	193	25	23	30
96 章 杂项制品	163	132	133	24	19	20
第二十一类 艺术品、收藏品及古物	**58**	**46**	**164**	**8**	**7**	**25**
97 章 艺术品、收藏品及古物	58	46	164	8	7	25
第二十二类 特殊交易品及未分类商品	**1032**	**755**	**854**	**149**	**109**	**131**
98 章 特殊交易品及未分类商品	1032	755	854	149	109	131

商品构成出口总额（HS2）

类　章	亿元人民币			亿美元		
	2019 年	2020 年	2021 年	2019 年	2020 年	2021 年
总　额	**172374**	**179326**	**217348**	**24995**	**25906**	**33640**
第一类 活动物；动物产品	**1156**	**999**	**972**	**168**	**144**	**151**
01 章 活动物	35	42	36	5	6	6
02 章 肉及食用杂碎	58	49	56	8	7	9
03 章 鱼、甲壳动物、软体动物及其他水生无脊椎动物	860	741	713	125	107	110
04 章 乳品；蛋品；天然蜂蜜；其他食用动物产品	39	40	40	6	6	6
05 章 其他动物产品	165	127	127	24	18	20
第二类 植物产品	**1875**	**1908**	**1821**	**271**	**276**	**283**
06 章 活树及其他活植物；鳞茎、根及类似品；插花及装饰用簇叶	30	33	37	4	5	6
07 章 食用蔬菜、根及块茎	712	670	651	103	97	101
08 章 食用水果及坚果；甜瓜或柑橘属水果的果皮	433	487	409	62	71	63
09 章 咖啡、茶、马黛茶及调味香料	250	280	271	36	40	42
10 章 谷物	77	67	70	11	10	11
11 章 制粉工业产品；麦芽；淀粉；菊粉；面筋	58	48	42	8	7	7
12 章 含油子仁及果实；杂项子仁及果实；工业用或药用植物；稻草、秸秆及饲料	198	199	191	29	29	30
13 章 虫胶；树胶、树脂及其他植物液、汁	107	114	137	16	16	21
14 章 编结用植物材料；其他植物产品	9	11	13	1	2	2
第三类 动、植物油、脂及其分解产品；精制的食用油脂；动、植物蜡	**82**	**100**	**153**	**12**	**14**	**24**
15 章 动、植物油、脂及其分解产品；精制的食用油脂；动、植物蜡	82	100	153	12	14	24
第四类 食品；饮料、酒及醋；烟草、烟草及烟草代用品的制品	**2196**	**2153**	**2383**	**319**	**311**	**368**
16 章 肉、鱼、甲壳动物、软体动物及其他水生无脊椎动物的制品	637	634	757	92	92	117
17 章 糖及糖食	128	118	125	19	17	19

商品构成出口总额（HS2）

续表 1

类　章	亿元人民币			亿美元		
	2019 年	2020 年	2021 年	2019 年	2020 年	2021 年
18 章 可可及可可制品	28	23	28	4	3	4
19 章 谷物、粮食粉、淀粉或乳的制品；糕饼点心	153	139	152	22	20	23
20 章 蔬菜、水果、坚果或植物其他部分的制品	540	529	534	78	76	83
21 章 杂项食品	274	317	368	40	46	57
22 章 饮料、酒及醋	144	137	135	21	20	21
23 章 食品工业的残渣及废料；配制的动物饲料	193	203	238	28	29	37
24 章 烟草、烟草及烟草代用品的制品	98	54	46	14	8	7
第五类 矿产品	**3591**	**2581**	**3319**	**522**	**372**	**512**
25 章 盐；硫磺；泥土及石料；石膏料、石灰及水泥	227	215	251	33	31	39
26 章 矿砂、矿渣及矿灰	120	134	294	17	19	45
27 章 矿物燃料、矿物油及其蒸馏产品；沥青物质；矿物蜡	3243	2232	2774	471	321	428
第六类 化学工业及其相关工业的产品	**8970**	**9527**	**13801**	**1303**	**1375**	**2137**
28 章 无机化学品；贵金属、稀土金属、放射性元素及其同位素的有机及无机化合物	1159	1053	1524	168	152	236
29 章 有机化学品	3907	3949	5334	568	570	826
30 章 药品	632	913	2490	92	132	386
31 章 肥料	493	456	742	72	66	115
32 章 鞣料浸膏及染料浸膏；鞣酸及其衍生物；染料、颜料及其他着色料；油漆及清漆；油灰及其他类似胶粘剂；墨水、油墨	532	543	675	77	78	104
33 章 精油及香膏；芳香料制品及化妆盥洗品	406	360	406	59	52	63
34 章 肥皂、有机表面活性剂、洗涤剂、润滑剂、人造蜡、调制蜡、光洁剂、蜡烛及类似品、塑型用膏、“牙科用蜡”及牙科用熟石膏制剂	305	364	379	44	53	59

商品构成出口总额（HS2）

续表 2

类　章	亿元人民币			亿美元		
	2019 年	2020 年	2021 年	2019 年	2020 年	2021 年
35 章 蛋白类物质；改性淀粉；胶；酶	222	237	278	32	34	43
36 章 炸药；烟火制品；火柴；引火合金；易燃材料制品	62	51	57	9	7	9
37 章 照相及电影用品	76	65	79	11	9	12
38 章 杂项化学产品	1176	1538	1837	171	222	284
第七类 塑料及其制品；橡胶及其制品	**7327**	**8232**	**10481**	**1063**	**1190**	**1622**
39 章 塑料及其制品	5802	6673	8470	842	964	1311
40 章 橡胶及其制品	1525	1560	2011	221	225	311
第八类 生皮、皮革、毛皮及其制品；鞍具及挽具；旅行用品、手提包及类似品；动物肠线（蚕胶丝除外）制品	**2432**	**1840**	**2233**	**352**	**266**	**345**
41 章 生皮（毛皮除外）及皮革	48	45	64	7	6	10
42 章 皮革制品；鞍具及挽具；旅行用品、手提包及类似容器；动物肠线（蚕胶丝除外）制品	2031	1570	1993	294	227	308
43 章 毛皮、人造毛皮及其制品	353	225	176	51	33	27
第九类 木及木制品；木炭；软木及软木制品；稻草、秸秆、针茅或其他编结材料制品；篮筐及柳条编结品	**1039**	**1055**	**1344**	**151**	**152**	**207**
44 章 木及木制品；木炭	923	938	1203	134	135	186
45 章 软木及软木制品	2	2	3	0	0	0
46 章 稻草、秸秆、针茅或其他编结材料制品；篮筐及柳条编结品	114	115	138	17	17	21
第十类 木浆及其他纤维状纤维素浆；回收（废碎）纸或纸板；纸、纸板及其制品	**1791**	**1698**	**1855**	**260**	**245**	**288**
47 章 木浆及其他纤维状纤维素浆；回收（废碎）纸或纸板	9	8	12	1	1	2
48 章 纸及纸板；纸浆、纸或纸板制品	1508	1448	1561	219	209	242
49 章 书籍、报纸、印刷图画及其他印刷品；手稿、打字稿及设计图纸	274	242	282	40	35	44
第十一类 纺织原料及纺织制品	**17946**	**19491**	**19690**	**2602**	**2807**	**3048**

商品构成出口总额（HS2）

续表 3

类　章	亿元人民币			亿美元		
	2019 年	2020 年	2021 年	2019 年	2020 年	2021 年
50 章 蚕丝	69	35	42	10	5	7
51 章 羊毛、动物细毛或粗毛；马毛纱线及其机织物	162	107	125	24	15	19
52 章 棉花	973	762	885	141	110	137
53 章 其他植物纺织纤维；纸纱线及其机织物	95	63	89	14	9	14
54 章 化学纤维长丝；化学纤维纺织材料制扁条及类似品	1529	1259	1653	222	182	256
55 章 化学纤维短纤	853	697	836	124	101	129
56 章 絮胎、毡呢及无纺织物；特种纱线；线、绳、索、缆及其制品	417	566	540	61	82	84
57 章 地毯及纺织材料的其他铺地制品	201	205	242	29	30	37
58 章 特种机织物；簇绒织物；花边；装饰毯；装饰带；刺绣品	366	283	365	53	41	56
59 章 浸渍、涂布、包覆或层压的纺织物；工业用纺织制品	548	465	601	80	67	93
60 章 针织物及钩编织物	1286	1127	1493	187	163	231
61 章 针织或钩编的服装及衣着附件	4924	4310	5585	714	622	865
62 章 非针织或非钩编的服装及衣着附件	4601	4328	4528	667	623	701
63 章 其他纺织制成品；成套物品；旧衣着及旧纺织品；碎织物	1923	5284	2706	279	757	419
第十二类 鞋、帽、伞、杖、鞭及其零件；已加工的羽毛及其制品；人造花；人发制品	**4389**	**3674**	**4734**	**636**	**531**	**733**
64 章 鞋靴、护腿和类似品及其零件	3290	2639	3339	477	381	517
65 章 帽类及其零件	320	279	360	46	40	56
66 章 雨伞、阳伞、手杖、鞭子、马鞭及其零件	197	166	196	29	24	30
67 章 已加工羽毛、羽绒及其制品；人造花；人发制品	582	590	839	84	85	130
第十三类 石料、石膏、水泥、石棉、云母及类似材料的制品；陶瓷产品；玻璃及其制品	**3757**	**3879**	**4430**	**544**	**561**	**685**

商品构成出口总额（HS2）

续表 4

类　章	亿元人民币			亿美元		
	2019 年	2020 年	2021 年	2019 年	2020 年	2021 年
68 章 石料、石膏、水泥、石棉、云母及类似材料的制品	791	874	906	115	126	140
69 章 陶瓷产品	1735	1737	1983	251	251	307
70 章 玻璃及其制品	1231	1269	1541	179	183	238
第十四类 天然或养殖珍珠、宝石或半宝石、贵金属、包贵金属及其制品；仿首饰；硬币	**1422**	**1268**	**1893**	**206**	**184**	**293**
71 章 天然或养殖珍珠、宝石或半宝石、贵金属、包贵金属及其制品；仿首饰；硬币	1422	1268	1893	206	184	293
第十五类 贱金属及其制品	**12583**	**12207**	**17079**	**1826**	**1763**	**2644**
72 章 钢铁	2711	2314	4327	394	334	670
73 章 钢铁制品	4775	4922	6171	693	711	955
74 章 铜及其制品	467	427	677	68	62	105
75 章 镍及其制品	64	38	32	9	5	5
76 章 铝及其制品	1797	1703	2243	261	246	347
77 章（保留为协调制度将来所用）						
78 章 铅及其制品	4	3	18	1	0	3
79 章 锌及其制品	23	17	14	3	2	2
80 章 锡及其制品	8	9	32	1	1	5
81 章 其他贱金属、金属陶瓷及其制品	243	190	320	35	27	50
82 章 贱金属工具、器具、利口器、餐匙、餐叉及其零件	1146	1189	1499	166	172	232
83 章 贱金属杂项制品	1347	1396	1746	195	202	270
第十六类 机器、机械器具、电气设备及其零件；录音机及放声机、电视图像、声音的录制和重放设备及其零件、附件	**74984**	**79571**	**93446**	**10871**	**11504**	**14466**
84 章 核反应堆、锅炉、机器、机械器具及其零件	28710	30492	35381	4166	4403	5476
85 章 电机、电气设备及其零件；录音机及放声机、电视图像、声音的录制和重放设备及其零件、附件	46274	49079	58065	6704	7101	8990

商品构成出口总额（HS2）

续表 5

类 章	亿元人民币			亿美元		
	2019 年	2020 年	2021 年	2019 年	2020 年	2021 年
第十七类 车辆、航空器、船舶及有关运输设备	**7710**	**7626**	**11243**	**1118**	**1102**	**1739**
86 章 铁道及电车道机车、车辆及其零件；铁道及电车道轨道固定装置及其零件、附件；各种机械（包括电动机械）交通信号设备	628	675	1686	91	98	261
87 章 车辆及其零件、附件，但铁道及电车道车辆除外	5121	5276	7757	743	763	1200
88 章 航空器、航天器及其零件	270	170	202	39	25	31
89 章 船舶及浮动结构体	1690	1505	1598	245	217	247
第十八类 光学、照相、电影、计量、检验、医疗或外科用仪器及设备、精密仪器及设备；钟表；乐器；上述物品的零件、附件	**5488**	**5938**	**6751**	**796**	**857**	**1045**
90 章 光学、照相、电影、计量、检验、医疗或外科用仪器及设备、精密仪器及设备；上述物品的零件、附件	5028	5556	6299	729	802	975
91 章 钟表及其零件	340	251	301	49	36	47
92 章 乐器及其零件、附件	120	130	151	17	19	23
第十九类 武器、弹药及其零件、附件	**10**	**13**	**20**	**1**	**2**	**3**
93 章 武器、弹药及其零件、附件	10	13	20	1	2	3
第二十类 杂项制品	**12383**	**13795**	**17095**	**1795**	**1994**	**2645**
94 章 家具；寝具、褥垫、弹簧床垫、软坐垫及类似的填充制品；未列名灯具及照明装置；发光标志、发光铭牌及类似品；活动房屋	6833	7567	9016	991	1094	1395
95 章 玩具、游戏品、运动用品及其零件、附件	4312	4949	6582	624	715	1018
96 章 杂项制品	1239	1279	1497	180	185	232
第二十一类 艺术品、收藏品及古物	**52**	**48**	**158**	**7**	**7**	**24**
97 章 艺术品、收藏品及古物	52	48	158	7	7	24
第二十二类 特殊交易品及未分类商品	**1165**	**1725**	**2414**	**167**	**250**	**373**
98 章 特殊交易品及未分类商品	1165	1679	2259	167	243	349
99 章 跨境电商 B2B 简化申报商品	–	45	155	–	7	24

注：自 2020 年 7 月起，增加第 99 章，用于统计跨境电商 B2B 出口简化申报商品。

商品构成进口总额（SITC）

商品构成（按SITC分类）	亿元人民币			亿美元		
	2019年	2020年	2021年	2019年	2020年	2021年
总　额	**143254**	**142231**	**173661**	**20784**	**20556**	**26875**
一、初级产品	**50295**	**46891**	**63091**	**7300**	**6771**	**9764**
0类 食品及活动物	5568	6801	7940	807	982	1228
1类 饮料及烟类	528	429	493	77	62	76
2类 非食用原料（燃料除外）	19632	20383	27595	2849	2945	4269
3类 矿物燃料、润滑油及有关原料	23919	18541	26121	3472	2675	4045
4类 动植物油、脂及蜡	648	737	943	94	106	146
二、工业制成品	**92959**	**95340**	**110522**	**13484**	**13785**	**17104**
5类 化学成品及有关产品	15067	14771	17063	2187	2133	2640
6类 按原料分类的制成品	9653	11637	13577	1400	1683	2102
7类 机械及运输设备	54246	57290	64982	7866	8286	10057
8类 杂项制品	9944	10095	10994	1442	1460	1701
9类 未分类的商品	4049	1547	3906	588	223	604

商品构成出口总额（SITC）

商品构成（按 SITC 分类）	亿元人民币			亿美元		
	2019 年	2020 年	2021 年	2019 年	2020 年	2021 年
总　额	**172374**	**179326**	**217348**	**24995**	**25906**	**33640**
一、初级产品	**9233**	**8004**	**9056**	**1340**	**1155**	**1400**
0 类 食品及活动物	4485	4401	4513	650	636	698
1 类 饮料及烟类	239	172	178	35	25	28
2 类 非食用原料（燃料除外）	1186	1102	1441	172	159	223
3 类 矿物燃料、润滑油及有关原料	3243	2232	2774	471	321	428
4 类 动植物油、脂及蜡	80	98	151	12	14	23
二、工业制成品	**163141**	**171322**	**208262**	**23655**	**24752**	**32235**
5 类 化学成品及有关产品	11138	11722	17070	1618	1692	2642
6 类 按原料分类的制成品	28031	30105	34947	4067	4342	5409
7 类 机械及运输设备	82454	87038	104531	11954	12583	16181
8 类 杂项制品	40257	40486	49096	5835	5849	7598
9 类 未分类的商品	1261	1971	2618	180	285	404

商品构成进口总额（BEC）

商品构成（按 BEC 分类）	亿元人民币			亿美元		
	2019 年	2020 年	2021 年	2019 年	2020 年	2021 年
总　额	**143254**	**142231**	**173661**	**20784**	**20556**	**26875**
1　食品和饮料	**8630**	**10028**	**11967**	**1251**	**1447**	**1851**
11　初级品	4146	4720	5934	602	681	918
111　主要用于工业	2949	3489	4469	428	503	692
112　主要用于家庭消费	1197	1232	1465	174	178	227
12　加工品	4483	5307	6033	649	767	933
121　主要用于工业	668	798	1301	97	115	201
122　主要用于家庭消费	3816	4510	4732	553	651	732
2　未列名的工业供应品	**44793**	**44856**	**86320**	**6503**	**6483**	**13361**
21　初级品	14673	15342	21832	2130	2218	3377
22　加工品	30120	29514	64488	4373	4265	9983
3　燃料和润滑油	**23237**	**17524**	**24916**	**3378**	**2528**	**3859**
31　初级品	19209	14309	19738	2789	2064	3056
32　加工品	4027	3215	5178	585	465	802
321　汽油	295	243	1078	43	35	167
322　其他	3732	2972	4100	542	430	635
4　资本货品（运输设备除外）及其零件和附件	**50817**	**54770**	**34237**	**7368**	**7922**	**5298**
41　资本货品（运输设备除外）	17466	17522	18538	2533	2536	2868
42　零件和附件	33351	37248	15700	4835	5387	2430
5　运输设备及其零件和附件	**8150**	**7264**	**8046**	**1182**	**1050**	**1244**
51　机动小客车	3241	3119	3420	471	449	528
52　其他	1286	729	909	187	107	141
521　工业用	1240	656	814	180	96	126
522　非工业用	45	73	95	7	11	15
53　零件和附件	3624	3416	3718	524	494	575
6　未列名的消费品	**6576**	**7110**	**7257**	**953**	**1027**	**1122**
61　耐用品	1172	1250	1327	170	181	205
62　半耐用品	2039	2189	2150	296	317	332
63　非耐用品	3364	3671	3780	488	530	585
7　未列名的货品	**1047**	**764**	**870**	**151**	**110**	**134**

注：2021 年 BEC 参数调整较大。

商品构成出口总额（BEC）

商品构成（按 BEC 分类）	亿元人民币			亿美元		
	2019 年	2020 年	2021 年	2019 年	2020 年	2021 年
总　额	**172374**	**179326**	**217348**	**24995**	**25906**	**33640**
1　食品和饮料	**4535**	**4427**	**4593**	**657**	**639**	**711**
11　初级品	1453	1567	1461	210	227	226
111　主要用于工业	184	191	165	27	28	26
112　主要用于家庭消费	1268	1376	1297	183	199	201
12　加工品	3090	2868	3131	448	414	485
121　主要用于工业	187	185	170	27	27	26
122　主要用于家庭消费	2905	2684	2961	421	387	458
2　未列名的工业供应品	**41161**	**41086**	**67081**	**5974**	**5934**	**10384**
21　初级品	861	831	1025	125	120	158
22　加工品	40300	40256	66057	5849	5814	10225
3　燃料和润滑油	**3130**	**2166**	**2636**	**455**	**312**	**407**
31　初级品	175	173	209	25	25	32
32　加工品	2955	1994	2427	429	287	375
321　汽油	655	451	2101	95	65	324
322　其他	2300	1542	326	335	222	50
4　资本货品（运输设备除外）及其零件和附件	**69865**	**73792**	**79894**	**10128**	**10669**	**12368**
41　资本货品（运输设备除外）	46337	49061	56005	6715	7095	8670
42　零件和附件	23528	24731	23889	3413	3575	3698
5　运输设备及其零件和附件	**10379**	**10470**	**15588**	**1506**	**1513**	**2412**
51　机动小客车	596	687	1450	86	99	224
52　其他	3285	3304	5320	477	477	823
521　工业用	2456	2351	3913	357	339	606
522　非工业用	830	954	1406	120	138	218
53　零件和附件	6498	6479	8819	943	936	1365
6　未列名的消费品	**42025**	**45543**	**45078**	**6092**	**6572**	**6976**
61　耐用品	11018	11961	11828	1598	1729	1830
62　半耐用品	25310	27739	26481	3667	4001	4098
63　非耐用品	5698	5843	6769	826	842	1047
7　未列名的货品	**1149**	**1717**	**2293**	**181**	**249**	**354**

注：2021 年 BEC 参数调整较大。

四、地区

2022
中国海关统计摘要

地区进出口总额（人民币）

（按收发货人所在地分）　　单位：亿元

序　号	地　区	2000年	2005年	2010年	2015年	2020年
	总　额	**39273**	**116922**	**201722**	**245503**	**322215**
1	广东省	14080	35122	53203	63530	70871
2	江苏省	3782	18735	31594	33868	44504
3	浙江省	2290	8842	17199	21528	33848
4	上海市	4531	15338	25035	27908	34873
5	北京市	4090	10332	20478	19828	23313
6	山东省	2073	6329	12830	14950	22130
7	福建省	1727	4478	7376	10480	14098
8	四川省	212	649	2218	3173	8089
9	天津市	1421	4386	5579	7096	7368
10	河南省	191	636	1209	4597	6679
11	重庆市	148	354	842	4615	6514
12	辽宁省	1571	3377	5476	5951	6569
13	安徽省	278	750	1646	2977	5452
14	湖南省	206	494	994	1821	4885
15	广西壮族自治区	168	426	1202	3186	4870
16	河北省	428	1323	2857	3194	4457
17	湖北省	267	745	1760	2836	4305
18	江西省	133	334	1464	2629	4025
19	陕西省	175	377	822	1895	3778
20	云南省	147	390	912	1521	2693
21	山西省	145	457	855	912	1504
22	黑龙江省	248	786	1731	1302	1539
23	新疆维吾尔自治区	185	653	1160	1225	1483
24	吉林省	210	538	1142	1172	1282
25	海南省	101	209	586	869	936
26	内蒙古自治区	216	401	592	789	1054
27	贵州省	55	115	214	761	547
28	甘肃省	47	217	503	494	382
29	宁夏回族自治区	37	80	133	231	123
30	西藏自治区	1	17	57	57	21
31	青海省	13	34	54	120	23
	* 东部地区	34525	105093	176738	203250	256398
	* 东北地区	2029	4701	8349	8425	9391
	* 中部地区	1219	3416	7927	15773	26849
	* 西部地区	1404	3712	8709	18068	29577

地区进出口总额（人民币）

续表

序　号	地　区	2017 年	2018 年	2019 年	2020 年	2021 年
	总　额	**278099**	**305008**	**315627**	**322215**	**391009**
1	广东省	68169	71602	71488	70871	82680
2	江苏省	39997	43793	43383	44504	52131
3	浙江省	25605	28512	30838	33848	41429
4	上海市	32243	34012	34054	34873	40610
5	北京市	21944	27186	28690	23313	30438
6	山东省	17923	19303	20471	22130	29304
7	福建省	11590	12346	13309	14098	18450
8	四川省	4605	5947	6790	8089	9514
9	天津市	7645	8080	7346	7368	8567
10	河南省	5234	5512	5715	6679	8208
11	重庆市	4508	5221	5792	6514	8001
12	辽宁省	6749	7558	7259	6569	7724
13	安徽省	3657	4142	4737	5452	6920
14	湖南省	2434	3076	4340	4885	5989
15	广西壮族自治区	3912	4104	4696	4870	5931
16	河北省	3379	3553	4002	4457	5416
17	湖北省	3136	3486	3946	4305	5374
18	江西省	3011	3162	3510	4025	4980
19	陕西省	2719	3513	3515	3778	4758
20	云南省	1582	1971	2324	2693	3144
21	山西省	1163	1369	1448	1504	2230
22	黑龙江省	1282	1750	1867	1539	1995
23	新疆维吾尔自治区	1392	1325	1641	1483	1569
24	吉林省	1255	1363	1303	1282	1504
25	海南省	703	848	906	936	1477
26	内蒙古自治区	941	1035	1097	1054	1236
27	贵州省	551	501	453	547	654
28	甘肃省	326	395	380	382	491
29	宁夏回族自治区	342	249	241	123	214
30	西藏自治区	59	48	49	21	40
31	青海省	44	48	38	23	31
	* 东部地区	229198	249235	254487	256398	310502
	* 东北地区	9286	10670	10429	9391	11223
	* 中部地区	18635	20746	23696	26849	33702
	* 西部地区	20982	24357	27015	29577	35582

注：1. 按 2021 年总额降序排列。
　　2. 带“*”数据不参与排序。

地区进出口总额占比（人民币）

（按收发货人所在地分）　　　　单位：%

序号	地区	2000 年	2005 年	2010 年	2015 年	2020 年
	总　额	**100**	**100**	**100**	**100**	**100**
1	广东省	35.9	30.0	26.4	25.9	22.0
2	江苏省	9.6	16.0	15.7	13.8	13.8
3	浙江省	5.8	7.6	8.5	8.8	10.5
4	上海市	11.5	13.1	12.4	11.4	10.8
5	北京市	10.4	8.8	10.2	8.1	7.2
6	山东省	5.3	5.4	6.4	6.1	6.9
7	福建省	4.4	3.8	3.7	4.3	4.4
8	四川省	0.5	0.6	1.1	1.3	2.5
9	天津市	3.6	3.8	2.8	2.9	2.3
10	河南省	0.5	0.5	0.6	1.9	2.1
11	重庆市	0.4	0.3	0.4	1.9	2.0
12	辽宁省	4.0	2.9	2.7	2.4	2.0
13	安徽省	0.7	0.6	0.8	1.2	1.7
14	湖南省	0.5	0.4	0.5	0.7	1.5
15	广西壮族自治区	0.4	0.4	0.6	1.3	1.5
16	河北省	1.1	1.1	1.4	1.3	1.4
17	湖北省	0.7	0.6	0.9	1.2	1.3
18	江西省	0.3	0.3	0.7	1.1	1.2
19	陕西省	0.4	0.3	0.4	0.8	1.2
20	云南省	0.4	0.3	0.5	0.6	0.8
21	山西省	0.4	0.4	0.4	0.4	0.5
22	黑龙江省	0.6	0.7	0.9	0.5	0.5
23	新疆维吾尔自治区	0.5	0.6	0.6	0.5	0.5
24	吉林省	0.5	0.5	0.6	0.5	0.4
25	海南省	0.3	0.2	0.3	0.4	0.3
26	内蒙古自治区	0.5	0.3	0.3	0.3	0.3
27	贵州省	0.1	0.1	0.1	0.3	0.2
28	甘肃省	0.1	0.2	0.2	0.2	0.1
29	宁夏回族自治区	0.1	0.1	0.1	0.1	0.0
30	西藏自治区	0.0	0.0	0.0	0.0	0.0
31	青海省	0.0	0.0	0.0	0.0	0.0
	* 东部地区	87.9	89.9	87.6	82.8	79.6
	* 东北地区	5.2	4.0	4.1	3.4	2.9
	* 中部地区	3.1	2.9	3.9	6.4	8.3
	* 西部地区	3.6	3.2	4.3	7.4	9.1

地区进出口总额占比（人民币）

续表

序　号	地　区	2017 年	2018 年	2019 年	2020 年	2021 年
	总　额	**100**	**100**	**100**	**100**	**100**
1	广东省	24.5	23.5	22.6	22.0	21.1
2	江苏省	14.4	14.4	13.7	13.8	13.3
3	浙江省	9.2	9.3	9.8	10.5	10.6
4	上海市	11.6	11.2	10.8	10.8	10.4
5	北京市	7.9	8.9	9.1	7.2	7.8
6	山东省	6.4	6.3	6.5	6.9	7.5
7	福建省	4.2	4.0	4.2	4.4	4.7
8	四川省	1.7	1.9	2.2	2.5	2.4
9	天津市	2.7	2.6	2.3	2.3	2.2
10	河南省	1.9	1.8	1.8	2.1	2.1
11	重庆市	1.6	1.7	1.8	2.0	2.0
12	辽宁省	2.4	2.5	2.3	2.0	2.0
13	安徽省	1.3	1.4	1.5	1.7	1.8
14	湖南省	0.9	1.0	1.4	1.5	1.5
15	广西壮族自治区	1.4	1.3	1.5	1.5	1.5
16	河北省	1.2	1.2	1.3	1.4	1.4
17	湖北省	1.1	1.1	1.3	1.3	1.4
18	江西省	1.1	1.0	1.1	1.2	1.3
19	陕西省	1.0	1.2	1.1	1.2	1.2
20	云南省	0.6	0.6	0.7	0.8	0.8
21	山西省	0.4	0.4	0.5	0.5	0.6
22	黑龙江省	0.5	0.6	0.6	0.5	0.5
23	新疆维吾尔自治区	0.5	0.4	0.5	0.5	0.4
24	吉林省	0.5	0.4	0.4	0.4	0.4
25	海南省	0.3	0.3	0.3	0.3	0.4
26	内蒙古自治区	0.3	0.3	0.3	0.3	0.3
27	贵州省	0.2	0.2	0.1	0.2	0.2
28	甘肃省	0.1	0.1	0.1	0.1	0.1
29	宁夏回族自治区	0.1	0.1	0.1	0.0	0.1
30	西藏自治区	0.0	0.0	0.0	0.0	0.0
31	青海省	0.0	0.0	0.0	0.0	0.0
	* 东部地区	82.4	81.7	80.6	79.6	79.4
	* 东北地区	3.3	3.5	3.3	2.9	2.9
	* 中部地区	6.7	6.8	7.5	8.3	8.6
	* 西部地区	7.5	8.0	8.6	9.1	9.1

注：1. 按 2021 年总额占比降序排列。

2. 带“*”数据不参与排序。

地区进出口总额（美元）

（按收发货人所在地分）　　　　单位：亿美元

序　号	地　区	2000 年	2005 年	2010 年	2015 年	2020 年
	总　额	**4743**	**14219**	**29740**	**39530**	**46559**
1	广东省	1700	4280	7849	10225	10240
2	江苏省	456	2279	4658	5456	6428
3	浙江省	276	1074	2535	3468	4885
4	上海市	547	1863	3690	4492	5038
5	北京市	494	1255	3017	3194	3365
6	山东省	250	767	1892	2406	3202
7	福建省	208	544	1088	1689	2036
8	四川省	25	79	327	512	1169
9	天津市	172	533	821	1143	1063
10	河南省	23	77	178	738	973
11	重庆市	18	43	124	745	942
12	辽宁省	190	410	807	959	948
13	安徽省	33	91	243	479	787
14	湖南省	25	60	147	293	707
15	广西壮族自治区	20	52	177	511	704
16	河北省	52	161	421	515	645
17	湖北省	32	91	259	456	622
18	江西省	16	41	216	424	580
19	陕西省	21	46	121	305	546
20	云南省	18	47	134	245	391
21	山西省	18	55	126	147	218
22	黑龙江省	30	96	255	210	222
23	新疆维吾尔自治区	22	79	171	197	214
24	吉林省	25	65	168	189	185
25	海南省	12	25	86	140	136
26	内蒙古自治区	26	49	87	127	152
27	贵州省	7	14	31	122	79
28	甘肃省	6	26	74	80	55
29	宁夏回族自治区	4	10	20	37	18
30	西藏自治区	0	2	8	9	3
31	青海省	2	4	8	19	3
	＊东部地区	4168	12782	26057	32728	37039
	＊东北地区	245	571	1231	1358	1356
	＊中部地区	147	415	1169	2536	3888
	＊西部地区	169	451	1284	2909	4277

地区进出口总额（美元）

续表

序　号	地　区	2017 年	2018 年	2019 年	2020 年	2021 年
	总　额	**41071**	**46224**	**45779**	**46559**	**60515**
1	广东省	10067	10845	10366	10240	12795
2	江苏省	5908	6639	6295	6428	8069
3	浙江省	3779	4324	4472	4885	6411
4	上海市	4762	5157	4939	5038	6286
5	北京市	3240	4125	4165	3365	4710
6	山东省	2646	2924	2970	3202	4536
7	福建省	1710	1874	1931	2036	2855
8	四川省	681	899	984	1169	1473
9	天津市	1129	1226	1066	1063	1326
10	河南省	776	828	825	973	1271
11	重庆市	666	790	839	942	1238
12	辽宁省	996	1146	1053	948	1195
13	安徽省	540	628	687	787	1071
14	湖南省	360	465	628	707	927
15	广西壮族自治区	579	623	682	704	917
16	河北省	499	539	580	645	838
17	湖北省	463	528	572	622	831
18	江西省	443	482	509	580	771
19	陕西省	402	533	510	546	736
20	云南省	235	299	337	391	487
21	山西省	172	208	210	218	345
22	黑龙江省	190	264	271	222	309
23	新疆维吾尔自治区	206	200	237	214	243
24	吉林省	185	207	189	185	232
25	海南省	104	127	132	136	229
26	内蒙古自治区	139	157	159	152	191
27	贵州省	82	76	66	79	101
28	甘肃省	48	60	55	55	76
29	宁夏回族自治区	50	38	35	18	33
30	西藏自治区	9	7	7	3	6
31	青海省	7	7	5	3	5
	*东部地区	33843	37779	36917	37039	48055
	*东北地区	1371	1617	1513	1356	1736
	*中部地区	2755	3139	3431	3888	5216
	*西部地区	3102	3689	3918	4277	5507

注：1. 按 2021 年总额降序排列。

2. 带“*”数据不参与排序。

地区进口总额（人民币）

（按收发货人所在地分）　　　　单位：亿元

序　号	地　区	2000 年	2005 年	2010 年	2015 年	2020 年
	总　额	**18639**	**54274**	**94700**	**104336**	**142936**
1	广东省	6471	15580	22484	23572	27381
2	上海市	2430	7871	12771	15744	21152
3	北京市	3099	7791	16712	16433	18649
4	江苏省	1649	8625	13242	12847	17070
5	山东省	783	2526	5760	6005	9083
6	浙江省	692	2520	4955	4374	8679
7	福建省	680	1610	2528	3488	5625
8	天津市	707	2132	3031	3922	4294
9	辽宁省	673	1447	2551	2807	3917
10	四川省	93	263	940	1125	3435
11	河南省	65	217	495	1914	2604
12	广西壮族自治区	45	190	552	1447	2162
13	重庆市	65	146	335	1198	2326
14	安徽省	98	323	804	969	2291
15	河北省	124	424	1324	1152	1936
16	陕西省	67	124	400	977	1848
17	湖北省	107	381	780	1020	1603
18	湖南省	71	185	454	634	1581
19	黑龙江省	127	287	626	805	1179
20	云南省	51	173	395	491	1174
21	江西省	35	134	556	577	1106
22	吉林省	107	335	839	886	991
23	海南省	39	125	428	637	659
24	山西省	44	166	535	389	630
25	内蒙古自治区	137	255	366	439	705
26	甘肃省	13	127	392	133	297
27	新疆维吾尔自治区	87	239	281	135	385
28	贵州省	19	45	83	143	115
29	宁夏回族自治区	10	23	54	48	37
30	西藏自治区	1	3	4	20	8
31	青海省	4	7	22	18	11
	＊东部地区	16674	49204	83235	88174	114528
	＊东北地区	907	2069	4016	4499	6088
	＊中部地区	419	1406	3624	5502	9816
	＊西部地区	591	1594	3824	6174	12505

地区进口总额（人民币）

续表

序 号	地 区	2017年	2018年	2019年	2020年	2021年
	总 额	**124790**	**140880**	**143254**	**142936**	**173661**
1	广东省	25976	28896	28072	27381	32152
2	上海市	19125	20347	20329	21152	24892
3	北京市	17977	22313	23517	18649	24320
4	江苏省	15409	17140	16171	17070	19598
5	山东省	7962	8735	9341	9083	11721
6	浙江省	6166	7337	7762	8679	11308
7	福建省	4477	4733	5026	5625	7633
8	天津市	4693	4872	4328	4294	4692
9	辽宁省	3708	4343	4129	3917	4411
10	四川省	2066	2614	2886	3435	3805
11	河南省	2062	1933	1959	2604	3184
12	广西壮族自治区	2013	1929	2098	2162	2992
13	重庆市	1625	1827	2079	2326	2832
14	安徽省	1584	1756	1952	2291	2825
15	河北省	1253	1311	1632	1936	2386
16	陕西省	1060	1434	1642	1848	2192
17	湖北省	1073	1234	1460	1603	1865
18	湖南省	868	1051	1263	1581	1776
19	黑龙江省	929	1456	1517	1179	1547
20	云南省	808	1123	1286	1174	1377
21	江西省	802	939	1014	1106	1309
22	吉林省	956	1037	979	991	1150
23	海南省	407	550	562	659	1144
24	山西省	473	559	641	630	864
25	内蒙古自治区	610	656	721	705	757
26	甘肃省	211	250	249	297	394
27	新疆维吾尔自治区	198	237	390	385	296
28	贵州省	160	163	126	115	167
29	宁夏回族自治区	94	69	92	37	39
30	西藏自治区	29	19	11	8	18
31	青海省	16	17	17	11	14
	*东部地区	103445	116234	116741	114528	139846
	*东北地区	5592	6836	6625	6088	7109
	*中部地区	6863	7471	8289	9816	11823
	*西部地区	8890	10338	11598	12505	14883

注：1. 按2021年总额降序排列。
2. 带“*”数据不参与排序。

地区进口总额占比（人民币）

（按收发货人所在地分）　　单位：%

序号	地区	2000年	2005年	2010年	2015年	2020年
	总　额	**100**	**100**	**100**	**100**	**100**
1	广东省	34.7	28.7	23.7	22.6	19.2
2	上海市	13.0	14.5	13.5	15.1	14.8
3	北京市	16.6	14.4	17.6	15.8	13.0
4	江苏省	8.8	15.9	14.0	12.3	11.9
5	山东省	4.2	4.7	6.1	5.8	6.4
6	浙江省	3.7	4.6	5.2	4.2	6.1
7	福建省	3.6	3.0	2.7	3.3	3.9
8	天津市	3.8	3.9	3.2	3.8	3.0
9	辽宁省	3.6	2.7	2.7	2.7	2.7
10	四川省	0.5	0.5	1.0	1.1	2.4
11	河南省	0.3	0.4	0.5	1.8	1.8
12	广西壮族自治区	0.2	0.4	0.6	1.4	1.5
13	重庆市	0.3	0.3	0.4	1.1	1.6
14	安徽省	0.5	0.6	0.8	0.9	1.6
15	河北省	0.7	0.8	1.4	1.1	1.4
16	陕西省	0.4	0.2	0.4	0.9	1.3
17	湖北省	0.6	0.7	0.8	1.0	1.1
18	湖南省	0.4	0.3	0.5	0.6	1.1
19	黑龙江省	0.7	0.5	0.7	0.8	0.8
20	云南省	0.3	0.3	0.4	0.5	0.8
21	江西省	0.2	0.2	0.6	0.6	0.8
22	吉林省	0.6	0.6	0.9	0.8	0.7
23	海南省	0.2	0.2	0.5	0.6	0.5
24	山西省	0.2	0.3	0.6	0.4	0.4
25	内蒙古自治区	0.7	0.5	0.4	0.4	0.5
26	甘肃省	0.1	0.2	0.4	0.1	0.2
27	新疆维吾尔自治区	0.5	0.4	0.3	0.1	0.3
28	贵州省	0.1	0.1	0.1	0.1	0.1
29	宁夏回族自治区	0.1	0.0	0.1	0.0	0.0
30	西藏自治区	0.0	0.0	0.0	0.0	0.0
31	青海省	0.0	0.0	0.0	0.0	0.0
	* 东部地区	89.5	90.7	87.9	84.5	80.2
	* 东北地区	4.9	3.8	4.2	4.3	4.2
	* 中部地区	2.2	2.6	3.8	5.3	6.8
	* 西部地区	3.2	2.9	4.0	5.9	8.7

地区进口总额占比（人民币）

续表

序 号	地 区	2017年	2018年	2019年	2020年	2021年
	总 额	**100**	**100**	**100**	**100**	**100**
1	广东省	20.8	20.5	19.6	19.2	18.5
2	上海市	15.3	14.4	14.2	14.8	14.3
3	北京市	14.4	15.8	16.4	13.0	14.0
4	江苏省	12.3	12.2	11.3	11.9	11.3
5	山东省	6.4	6.2	6.5	6.4	6.7
6	浙江省	4.9	5.2	5.4	6.1	6.5
7	福建省	3.6	3.4	3.5	3.9	4.4
8	天津市	3.8	3.5	3.0	3.0	2.7
9	辽宁省	3.0	3.1	2.9	2.7	2.5
10	四川省	1.7	1.9	2.0	2.4	2.2
11	河南省	1.7	1.4	1.4	1.8	1.8
12	广西壮族自治区	1.6	1.4	1.5	1.5	1.7
13	重庆市	1.3	1.3	1.5	1.6	1.6
14	安徽省	1.3	1.2	1.4	1.6	1.6
15	河北省	1.0	0.9	1.1	1.4	1.4
16	陕西省	0.8	1.0	1.1	1.3	1.3
17	湖北省	0.9	0.9	1.0	1.1	1.1
18	湖南省	0.7	0.7	0.9	1.1	1.0
19	黑龙江省	0.7	1.0	1.1	0.8	0.9
20	云南省	0.6	0.8	0.9	0.8	0.8
21	江西省	0.6	0.7	0.7	0.8	0.8
22	吉林省	0.8	0.7	0.7	0.7	0.7
23	海南省	0.3	0.4	0.4	0.5	0.7
24	山西省	0.4	0.4	0.4	0.4	0.5
25	内蒙古自治区	0.5	0.5	0.5	0.5	0.4
26	甘肃省	0.2	0.2	0.2	0.2	0.2
27	新疆维吾尔自治区	0.2	0.2	0.3	0.3	0.2
28	贵州省	0.1	0.1	0.1	0.1	0.1
29	宁夏回族自治区	0.1	0.0	0.1	0.0	0.0
30	西藏自治区	0.0	0.0	0.0	0.0	0.0
31	青海省	0.0	0.0	0.0	0.0	0.0
	*东部地区	82.9	82.5	81.5	80.2	80.5
	*东北地区	4.5	4.9	4.6	4.2	4.1
	*中部地区	5.5	5.3	5.8	6.8	6.8
	*西部地区	7.1	7.3	8.1	8.7	8.6

注：1. 按2021年总额占比降序排列。

2. 带“*”数据不参与排序。

地区进口总额（美元）

（按收发货人所在地分）　　单位：亿美元

序　号	地　区	2000 年	2005 年	2010 年	2015 年	2020 年
	总　额	**2251**	**6600**	**13962**	**16796**	**20660**
1	广东省	781	1898	3317	3793	3958
2	上海市	293	956	1882	2533	3058
3	北京市	374	946	2463	2648	2693
4	江苏省	199	1050	1953	2069	2467
5	山东省	95	306	849	967	1313
6	浙江省	84	306	731	705	1254
7	福建省	82	196	373	562	812
8	天津市	85	259	446	632	620
9	辽宁省	81	176	376	452	565
10	四川省	12	32	139	181	497
11	河南省	8	26	73	307	380
12	广西壮族自治区	5	23	81	232	312
13	重庆市	8	18	49	193	337
14	安徽省	12	39	119	156	331
15	河北省	15	51	195	186	280
16	陕西省	8	15	59	157	267
17	湖北省	13	46	115	164	232
18	湖南省	9	23	67	102	229
19	黑龙江省	15	35	92	130	170
20	云南省	6	21	58	79	170
21	江西省	4	16	82	93	160
22	吉林省	13	41	124	143	143
23	海南省	5	15	63	102	96
24	山西省	5	20	79	63	92
25	内蒙古自治区	16	31	54	71	102
26	甘肃省	2	15	58	21	43
27	新疆维吾尔自治区	10	29	42	22	55
28	贵州省	2	5	12	23	17
29	宁夏回族自治区	1	3	8	8	5
30	西藏自治区	0	0	1	3	1
31	青海省	0	1	3	3	2
	* 东部地区	2013	5984	12272	14196	16551
	* 东北地区	110	251	592	725	879
	* 中部地区	50	171	534	884	1423
	* 西部地区	71	194	564	992	1808

地区进口总额（美元）

续表

序　号	地　区	2017 年	2018 年	2019 年	2020 年	2021 年
	总　额	**18438**	**21357**	**20784**	**20660**	**26875**
1	广东省	3838	4380	4072	3958	4976
2	上海市	2826	3085	2949	3058	3853
3	北京市	2655	3384	3414	2693	3764
4	江苏省	2278	2599	2347	2467	3033
5	山东省	1175	1323	1356	1313	1814
6	浙江省	911	1113	1126	1254	1750
7	福建省	661	719	729	812	1181
8	天津市	694	737	629	620	726
9	辽宁省	547	658	599	565	682
10	四川省	306	396	419	497	589
11	河南省	306	290	283	380	493
12	广西壮族自治区	298	295	305	312	463
13	重庆市	240	277	301	337	438
14	安徽省	234	266	283	331	437
15	河北省	185	199	237	280	369
16	陕西省	157	217	238	267	339
17	湖北省	159	187	212	232	288
18	湖南省	129	159	183	229	275
19	黑龙江省	137	220	220	170	240
20	云南省	120	170	187	170	213
21	江西省	119	142	147	160	203
22	吉林省	141	157	142	143	178
23	海南省	60	82	82	96	177
24	山西省	70	85	93	92	134
25	内蒙古自治区	90	99	105	102	117
26	甘肃省	31	38	36	43	61
27	新疆维吾尔自治区	29	36	57	55	46
28	贵州省	24	25	18	17	26
29	宁夏回族自治区	14	10	13	5	6
30	西藏自治区	4	3	2	1	3
31	青海省	2	3	3	2	2
	* 东部地区	15282	17622	16939	16551	21643
	* 东北地区	826	1035	961	879	1099
	* 中部地区	1016	1131	1201	1423	1829
	* 西部地区	1315	1569	1683	1808	2303

注：1. 按 2021 年总额降序排列。

2. 带“*”数据不参与排序。

地区出口总额（人民币）

（按收发货人所在地分） 单位：亿元

序号	地区	2000年	2005年	2010年	2015年	2020年
	总　额	**20634**	**62648**	**107023**	**141167**	**179279**
1	广东省	7609	19542	30719	39958	43490
2	江苏省	2133	10110	18353	21021	27433
3	浙江省	1598	6322	12244	17154	25169
4	山东省	1290	3803	7070	8945	13047
5	上海市	2101	7467	12264	12164	13721
6	福建省	1047	2868	4849	6992	8473
7	北京市	991	2540	3766	3395	4664
8	四川省	119	386	1278	2048	4654
9	重庆市	83	208	507	3417	4187
10	河南省	125	419	714	2684	4075
11	湖南省	135	308	539	1188	3304
12	安徽省	180	427	842	2008	3161
13	天津市	714	2254	2548	3174	3074
14	江西省	99	201	908	2051	2918
15	湖北省	160	364	980	1817	2702
16	辽宁省	898	1930	2925	3143	2652
17	河北省	305	899	1533	2042	2521
18	广西壮族自治区	122	236	651	1739	2707
19	陕西省	108	253	421	919	1930
20	云南省	96	217	517	1030	1519
21	山西省	102	291	320	523	874
22	新疆维吾尔自治区	99	414	879	1090	1098
23	贵州省	36	71	130	619	431
24	内蒙古自治区	79	146	226	350	349
25	黑龙江省	121	499	1105	497	360
26	吉林省	103	203	303	286	291
27	海南省	63	84	157	232	277
28	宁夏回族自治区	27	57	80	183	87
29	甘肃省	34	90	111	361	86
30	西藏自治区	1	14	52	36	13
31	青海省	9	27	32	102	12
	* 东部地区	17851	55888	93502	115076	141870
	* 东北地区	1122	2632	4333	3926	3303
	* 中部地区	801	2009	4303	10271	17034
	* 西部地区	813	2118	4884	11894	17072

地区出口总额（人民币）

续表

序号	地区	2017年	2018年	2019年	2020年	2021年
	总　额	**153310**	**164128**	**172374**	**179279**	**217348**
1	广东省	42193	42707	43415	43490	50529
2	江苏省	24589	26653	27212	27433	32532
3	浙江省	19439	21175	23076	25169	30121
4	山东省	9961	10568	11130	13047	17583
5	上海市	13118	13665	13725	13721	15719
6	福建省	7113	7613	8283	8473	10816
7	北京市	3967	4872	5172	4664	6118
8	四川省	2538	3333	3904	4654	5709
9	重庆市	2883	3394	3713	4187	5168
10	河南省	3172	3579	3756	4075	5024
11	湖南省	1565	2025	3077	3304	4213
12	安徽省	2073	2386	2785	3161	4095
13	天津市	2952	3208	3018	3074	3876
14	江西省	2209	2223	2496	2918	3672
15	湖北省	2063	2252	2486	2702	3509
16	辽宁省	3041	3214	3130	2652	3313
17	河北省	2126	2242	2371	2521	3030
18	广西壮族自治区	1899	2176	2598	2707	2939
19	陕西省	1659	2079	1873	1930	2566
20	云南省	775	848	1037	1519	1767
21	山西省	690	810	807	874	1366
22	新疆维吾尔自治区	1194	1089	1250	1098	1273
23	贵州省	391	338	327	431	487
24	内蒙古自治区	331	378	377	349	478
25	黑龙江省	353	294	350	360	448
26	吉林省	299	326	324	291	354
27	海南省	296	298	344	277	333
28	宁夏回族自治区	248	180	149	87	175
29	甘肃省	115	146	131	86	97
30	西藏自治区	29	29	37	13	23
31	青海省	29	31	20	12	17
	*东部地区	125753	133000	137746	141870	170657
	*东北地区	3693	3834	3804	3303	4114
	*中部地区	11773	13275	15407	17034	21879
	*西部地区	12092	14019	15417	17072	20699

注：1. 按2021年总额降序排列。

2. 带“*”数据不参与排序。

地区出口总额占比（人民币）

（按收发货人所在地分）　　　　单位：%

序　号	地　区	2000年	2005年	2010年	2015年	2020年
	总　额	**100**	**100**	**100**	**100**	**100**
1	广东省	36.9	31.2	28.7	28.3	24.3
2	江苏省	10.3	16.1	17.1	14.9	15.3
3	浙江省	7.7	10.1	11.4	12.2	14.0
4	山东省	6.3	6.1	6.6	6.3	7.3
5	上海市	10.2	11.9	11.5	8.6	7.7
6	福建省	5.1	4.6	4.5	5.0	4.7
7	北京市	4.8	4.1	3.5	2.4	2.6
8	四川省	0.6	0.6	1.2	1.5	2.6
9	重庆市	0.4	0.3	0.5	2.4	2.3
10	河南省	0.6	0.7	0.7	1.9	2.3
11	湖南省	0.7	0.5	0.5	0.8	1.8
12	安徽省	0.9	0.7	0.8	1.4	1.8
13	天津市	3.5	3.6	2.4	2.2	1.7
14	江西省	0.5	0.3	0.8	1.5	1.6
15	湖北省	0.8	0.6	0.9	1.3	1.5
16	辽宁省	4.4	3.1	2.7	2.2	1.5
17	河北省	1.5	1.4	1.4	1.4	1.4
18	广西壮族自治区	0.6	0.4	0.6	1.2	1.5
19	陕西省	0.5	0.4	0.4	0.7	1.1
20	云南省	0.5	0.3	0.5	0.7	0.8
21	山西省	0.5	0.5	0.3	0.4	0.5
22	新疆维吾尔自治区	0.5	0.7	0.8	0.8	0.6
23	贵州省	0.2	0.1	0.1	0.4	0.2
24	内蒙古自治区	0.4	0.2	0.2	0.2	0.2
25	黑龙江省	0.6	0.8	1.0	0.4	0.2
26	吉林省	0.5	0.3	0.3	0.2	0.2
27	海南省	0.3	0.1	0.1	0.2	0.2
28	宁夏回族自治区	0.1	0.1	0.1	0.1	0.0
29	甘肃省	0.2	0.1	0.1	0.3	0.0
30	西藏自治区	0.0	0.0	0.0	0.0	0.0
31	青海省	0.0	0.0	0.0	0.1	0.0
	* 东部地区	86.5	89.2	87.4	81.5	79.2
	* 东北地区	5.4	4.2	4.0	2.8	1.9
	* 中部地区	3.9	3.2	4.0	7.3	9.5
	* 西部地区	3.9	3.4	4.6	8.4	9.3

地区出口总额占比（人民币）

续表

序　号	地　区	2017 年	2018 年	2019 年	2020 年	2021 年
	总　额	**100**	**100**	**100**	**100**	**100**
1	广东省	27.5	26.0	25.2	24.3	23.2
2	江苏省	16.0	16.2	15.8	15.3	15.0
3	浙江省	12.7	12.9	13.4	14.0	13.9
4	山东省	6.5	6.4	6.5	7.3	8.1
5	上海市	8.6	8.3	8.0	7.7	7.2
6	福建省	4.6	4.6	4.8	4.7	5.0
7	北京市	2.6	3.0	3.0	2.6	2.8
8	四川省	1.7	2.0	2.3	2.6	2.6
9	重庆市	1.9	2.1	2.2	2.3	2.4
10	河南省	2.1	2.2	2.2	2.3	2.3
11	湖南省	1.0	1.2	1.8	1.8	1.9
12	安徽省	1.4	1.5	1.6	1.8	1.9
13	天津市	1.9	2.0	1.8	1.7	1.8
14	江西省	1.4	1.4	1.4	1.6	1.7
15	湖北省	1.3	1.4	1.4	1.5	1.6
16	辽宁省	2.0	2.0	1.8	1.5	1.5
17	河北省	1.4	1.4	1.4	1.4	1.4
18	广西壮族自治区	1.2	1.3	1.5	1.5	1.4
19	陕西省	1.1	1.3	1.1	1.1	1.2
20	云南省	0.5	0.5	0.6	0.8	0.8
21	山西省	0.5	0.5	0.5	0.5	0.6
22	新疆维吾尔自治区	0.8	0.7	0.7	0.6	0.6
23	贵州省	0.3	0.2	0.2	0.2	0.2
24	内蒙古自治区	0.2	0.2	0.2	0.2	0.2
25	黑龙江省	0.2	0.2	0.2	0.2	0.2
26	吉林省	0.2	0.2	0.2	0.2	0.2
27	海南省	0.2	0.2	0.2	0.2	0.2
28	宁夏回族自治区	0.2	0.1	0.1	0.0	0.1
29	甘肃省	0.1	0.1	0.1	0.0	0.0
30	西藏自治区	0.0	0.0	0.0	0.0	0.0
31	青海省	0.0	0.0	0.0	0.0	0.0
	*东部地区	82.0	81.0	79.9	79.2	78.5
	*东北地区	2.4	2.3	2.2	1.9	1.9
	*中部地区	7.7	8.1	8.9	9.5	10.1
	*西部地区	7.9	8.5	8.9	9.3	9.5

注：1. 按 2021 年总额占比降序排列。

2. 带“*”数据不参与排序。

地区出口总额（美元）

（按收发货人所在地分） 单位：亿美元

序　号	地　区	2000 年	2005 年	2010 年	2015 年	2020 年
	总　额	**2492**	**7620**	**15778**	**22735**	**25900**
1	广东省	918	2382	4532	6432	6283
2	江苏省	257	1230	2705	3386	3961
3	浙江省	193	768	1805	2763	3631
4	山东省	156	461	1042	1439	1889
5	上海市	254	907	1807	1959	1980
6	福建省	126	348	715	1127	1224
7	北京市	120	309	554	547	671
8	四川省	14	47	188	331	672
9	重庆市	10	25	75	552	605
10	河南省	15	51	105	431	593
11	湖南省	16	37	80	191	478
12	安徽省	22	52	124	323	456
13	天津市	86	274	375	512	443
14	江西省	12	24	134	331	421
15	湖北省	19	44	144	292	391
16	辽宁省	108	234	431	507	383
17	河北省	37	109	226	329	364
18	广西壮族自治区	15	29	96	279	392
19	陕西省	13	31	62	148	279
20	云南省	12	26	76	166	221
21	山西省	12	35	47	84	127
22	新疆维吾尔自治区	12	50	130	175	158
23	贵州省	4	9	19	99	62
24	内蒙古自治区	10	18	33	57	50
25	黑龙江省	15	61	163	80	52
26	吉林省	12	25	45	46	42
27	海南省	8	10	23	37	40
28	宁夏回族自治区	3	7	12	30	13
29	甘肃省	4	11	16	58	12
30	西藏自治区	0	2	8	6	2
31	青海省	1	3	5	16	2
	* 东部地区	2155	6798	13784	18532	20488
	* 东北地区	136	320	639	634	477
	* 中部地区	97	244	635	1652	2465
	* 西部地区	98	258	720	1917	2469

地区出口总额（美元）

续表

序　号	地　区	2017 年	2018 年	2019 年	2020 年	2021 年
	总　额	**22633**	**24867**	**24995**	**25900**	**33640**
1	广东省	6229	6465	6295	6283	7819
2	江苏省	3630	4040	3948	3961	5035
3	浙江省	2868	3210	3346	3631	4661
4	山东省	1470	1601	1614	1889	2722
5	上海市	1936	2071	1990	1980	2433
6	福建省	1049	1155	1202	1224	1674
7	北京市	586	741	751	671	946
8	四川省	376	504	565	672	884
9	重庆市	426	514	538	605	800
10	河南省	470	538	542	593	778
11	湖南省	232	305	445	478	652
12	安徽省	306	362	404	456	634
13	天津市	436	488	438	443	600
14	江西省	325	339	362	421	568
15	湖北省	305	341	360	391	543
16	辽宁省	449	488	454	383	513
17	河北省	314	340	344	364	469
18	广西壮族自治区	281	328	377	392	454
19	陕西省	245	316	272	279	397
20	云南省	115	128	150	221	273
21	山西省	102	123	117	127	211
22	新疆维吾尔自治区	176	164	180	158	197
23	贵州省	58	51	47	62	75
24	内蒙古自治区	49	57	55	50	74
25	黑龙江省	52	44	51	52	69
26	吉林省	44	49	47	42	55
27	海南省	44	45	50	40	51
28	宁夏回族自治区	37	27	22	13	27
29	甘肃省	17	22	19	12	15
30	西藏自治区	4	4	5	2	3
31	青海省	4	5	3	2	3
	* 东部地区	18561	20157	19977	20488	26412
	* 东北地区	545	582	552	477	637
	* 中部地区	1740	2008	2230	2465	3387
	* 西部地区	1788	2120	2235	2469	3204

注：1. 按 2021 年总额降序排列。

2. 带“*”数据不参与排序。

地区进出口总额（人民币）

（按境内目的地/货源地分） 单位：亿元

序号	地区	2000年	2005年	2010年	2015年	2020年
	总额	**39273**	**116922**	**201722**	**245503**	**322215**
1	广东省	14527	36040	56527	72407	83437
2	江苏省	4072	19602	33832	36061	47397
3	浙江省	2608	10195	19487	22284	32214
4	上海市	4535	14941	24798	26278	33132
5	山东省	2344	7350	15271	17280	24461
6	福建省	1866	4675	7497	9156	11914
7	天津市	1420	4498	6228	7388	8712
8	北京市	1981	4405	7518	8128	7972
9	辽宁省	1658	3873	6465	6645	8194
10	四川省	229	631	1785	2913	8115
11	河北省	449	1591	4214	4974	6921
12	河南省	261	747	1357	4794	7178
13	重庆市	153	349	802	3644	5810
14	安徽省	306	762	1585	2640	5210
15	广西壮族自治区	189	474	1325	2878	4615
16	湖北省	321	822	1767	2775	4266
17	陕西省	195	507	795	1857	3551
18	江西省	169	408	1420	2524	3531
19	湖南省	246	572	1058	1822	3312
20	云南省	150	411	701	1181	2375
21	山西省	231	749	942	1084	1518
22	新疆维吾尔自治区	212	683	1448	1679	1877
23	黑龙江省	331	860	1244	1011	1422
24	内蒙古自治区	196	436	794	862	1423
25	吉林省	245	607	1154	1241	1356
26	海南省	85	174	703	964	1147
27	贵州省	71	168	235	488	517
28	甘肃省	56	246	502	271	394
29	宁夏回族自治区	45	97	174	209	203
30	西藏自治区	3	11	40	41	19
31	青海省	19	40	56	37	22
	* 东部地区	33888	103470	176074	204920	257308
	* 东北地区	2233	5340	8864	8897	10972
	* 中部地区	1535	4060	8129	15639	25016
	* 西部地区	1520	4052	8655	16060	28919

地区进出口总额（人民币）

续表

序　号	地　区	2017 年	2018 年	2019 年	2020 年	2021 年
	总　额	**278099**	**305008**	**315627**	**322215**	**391009**
1	广东省	75409	79969	81674	83437	95290
2	江苏省	43096	47301	46753	47397	55977
3	浙江省	26021	29115	31142	32214	39980
4	上海市	30286	32052	32663	33132	39055
5	山东省	21428	24021	24724	24461	34379
6	福建省	10373	11393	12047	11914	15991
7	天津市	8240	9367	9395	8712	10323
8	北京市	8228	8386	7740	7972	10190
9	辽宁省	7625	8839	9221	8194	9827
10	四川省	4504	6153	7201	8115	9184
11	河北省	5529	5762	6529	6921	8820
12	河南省	5487	5818	6094	7178	8814
13	重庆市	3828	4506	5214	5810	7047
14	安徽省	3453	3917	4395	5210	6654
15	广西壮族自治区	3559	3990	4501	4615	6471
16	湖北省	3128	3384	3709	4266	5139
17	陕西省	2742	3442	3381	3551	4403
18	江西省	2502	2714	3058	3531	4384
19	湖南省	2029	2342	2907	3312	3692
20	云南省	1444	1793	2309	2375	2663
21	山西省	1407	1624	1577	1518	2365
22	新疆维吾尔自治区	2058	2295	2574	1877	2237
23	黑龙江省	1131	1569	1714	1422	1861
24	内蒙古自治区	1077	1308	1386	1423	1858
25	吉林省	1340	1420	1326	1356	1577
26	海南省	926	1201	1180	1147	1305
27	贵州省	549	551	477	517	659
28	甘肃省	337	427	371	394	496
29	宁夏回族自治区	293	266	289	203	301
30	西藏自治区	41	42	43	19	41
31	青海省	30	39	34	22	26
	* 东部地区	229536	248568	253848	257308	311311
	* 东北地区	10097	11828	12261	10972	13264
	* 中部地区	18006	19800	21739	25016	31048
	* 西部地区	20461	24812	27779	28919	35386

注：1. 按 2021 年总额降序排列。
　　2. 带“*”数据不参与排序。

地区进出口总额占比（人民币）

（按境内目的地/货源地分）　　单位：%

序　号	地　区	2000 年	2005 年	2010 年	2015 年	2020 年
	总　额	**100**	**100**	**100**	**100**	**100**
1	广东省	37.0	30.8	28.0	29.5	25.9
2	江苏省	10.4	16.8	16.8	14.7	14.7
3	浙江省	6.6	8.7	9.7	9.1	10.0
4	上海市	11.5	12.8	12.3	10.7	10.3
5	山东省	6.0	6.3	7.6	7.0	7.6
6	福建省	4.8	4.0	3.7	3.7	3.7
7	天津市	3.6	3.8	3.1	3.0	2.7
8	北京市	5.0	3.8	3.7	3.3	2.5
9	辽宁省	4.2	3.3	3.2	2.7	2.5
10	四川省	0.6	0.5	0.9	1.2	2.5
11	河北省	1.1	1.4	2.1	2.0	2.1
12	河南省	0.7	0.6	0.7	2.0	2.2
13	重庆市	0.4	0.3	0.4	1.5	1.8
14	安徽省	0.8	0.7	0.8	1.1	1.6
15	广西壮族自治区	0.5	0.4	0.7	1.2	1.4
16	湖北省	0.8	0.7	0.9	1.1	1.3
17	陕西省	0.5	0.4	0.4	0.8	1.1
18	江西省	0.4	0.3	0.7	1.0	1.1
19	湖南省	0.6	0.5	0.5	0.7	1.0
20	云南省	0.4	0.4	0.3	0.5	0.7
21	山西省	0.6	0.6	0.5	0.4	0.5
22	新疆维吾尔自治区	0.5	0.6	0.7	0.7	0.6
23	黑龙江省	0.8	0.7	0.6	0.4	0.4
24	内蒙古自治区	0.5	0.4	0.4	0.4	0.4
25	吉林省	0.6	0.5	0.6	0.5	0.4
26	海南省	0.2	0.1	0.3	0.4	0.4
27	贵州省	0.2	0.1	0.1	0.2	0.2
28	甘肃省	0.1	0.2	0.2	0.1	0.1
29	宁夏回族自治区	0.1	0.1	0.1	0.1	0.1
30	西藏自治区	0.0	0.0	0.0	0.0	0.0
31	青海省	0.0	0.0	0.0	0.0	0.0
	* 东部地区	86.3	88.5	87.3	83.5	79.9
	* 东北地区	5.7	4.6	4.4	3.6	3.3
	* 中部地区	3.9	3.5	4.0	6.4	7.7
	* 西部地区	3.9	3.5	4.3	6.5	8.9

地区进出口总额占比（人民币）

续表

序　号	地　区	2017 年	2018 年	2019 年	2020 年	2021 年
	总　额	**100**	**100**	**100**	**100**	**100**
1	广东省	27.1	26.2	25.9	25.9	24.4
2	江苏省	15.5	15.5	14.8	14.7	14.3
3	浙江省	9.4	9.5	9.9	10.0	10.2
4	上海市	10.9	10.5	10.3	10.3	10.0
5	山东省	7.7	7.9	7.8	7.6	8.8
6	福建省	3.7	3.7	3.8	3.7	4.1
7	天津市	3.0	3.1	3.0	2.7	2.6
8	北京市	3.0	2.7	2.5	2.5	2.6
9	辽宁省	2.7	2.9	2.9	2.5	2.5
10	四川省	1.6	2.0	2.3	2.5	2.3
11	河北省	2.0	1.9	2.1	2.1	2.3
12	河南省	2.0	1.9	1.9	2.2	2.3
13	重庆市	1.4	1.5	1.7	1.8	1.8
14	安徽省	1.2	1.3	1.4	1.6	1.7
15	广西壮族自治区	1.3	1.3	1.4	1.4	1.7
16	湖北省	1.1	1.1	1.2	1.3	1.3
17	陕西省	1.0	1.1	1.1	1.1	1.1
18	江西省	0.9	0.9	1.0	1.1	1.1
19	湖南省	0.7	0.8	0.9	1.0	0.9
20	云南省	0.5	0.6	0.7	0.7	0.7
21	山西省	0.5	0.5	0.5	0.5	0.6
22	新疆维吾尔自治区	0.7	0.8	0.8	0.6	0.6
23	黑龙江省	0.4	0.5	0.5	0.4	0.5
24	内蒙古自治区	0.4	0.4	0.4	0.4	0.5
25	吉林省	0.5	0.5	0.4	0.4	0.4
26	海南省	0.3	0.4	0.4	0.4	0.3
27	贵州省	0.2	0.2	0.2	0.2	0.2
28	甘肃省	0.1	0.1	0.1	0.1	0.1
29	宁夏回族自治区	0.1	0.1	0.1	0.1	0.1
30	西藏自治区	0.0	0.0	0.0	0.0	0.0
31	青海省	0.0	0.0	0.0	0.0	0.0
	* 东部地区	82.5	81.5	80.4	79.9	79.6
	* 东北地区	3.6	3.9	3.9	3.3	3.4
	* 中部地区	6.5	6.5	6.9	7.7	7.9
	* 西部地区	7.4	8.1	8.8	8.9	9.0

注：1. 按 2021 年总额占比降序排列。

2. 带“*”数据不参与排序。

地区进出口总额（美元）

（按境内目的地/货源地分） 单位：亿美元

序号	地区	2000年	2005年	2010年	2015年	2020年
	总 额	**4743**	**14219**	**29740**	**39530**	**46559**
1	广东省	1754	4392	8340	11652	12062
2	江苏省	491	2385	4988	5810	6844
3	浙江省	315	1238	2873	3591	4650
4	上海市	547	1815	3654	4230	4788
5	山东省	283	891	2252	2784	3535
6	福建省	225	568	1105	1476	1721
7	天津市	171	546	916	1190	1258
8	北京市	239	535	1107	1308	1150
9	辽宁省	200	470	953	1071	1183
10	四川省	28	77	263	469	1173
11	河南省	32	91	200	770	1045
12	河北省	54	193	621	802	1001
13	重庆市	19	42	118	587	840
14	安徽省	37	93	234	425	752
15	广西壮族自治区	23	58	195	462	667
16	湖北省	39	100	260	446	616
17	陕西省	24	61	117	299	513
18	江西省	21	50	210	407	509
19	湖南省	30	70	156	293	479
20	云南省	18	50	103	190	344
21	山西省	28	91	139	175	220
22	新疆维吾尔自治区	26	83	214	271	271
23	黑龙江省	40	105	183	163	205
24	内蒙古自治区	24	53	117	139	206
25	吉林省	30	74	170	200	196
26	海南省	10	21	104	155	166
27	贵州省	9	20	35	78	75
28	甘肃省	7	30	74	44	57
29	宁夏回族自治区	5	12	26	34	29
30	西藏自治区	0	1	6	7	3
31	青海省	2	5	8	6	3
	* 东部地区	4091	12585	25959	32998	37174
	* 东北地区	270	649	1307	1434	1584
	* 中部地区	185	493	1198	2515	3621
	* 西部地区	184	492	1276	2586	4180

地区进出口总额（美元）

续表

序　号	地　区	2017 年	2018 年	2019 年	2020 年	2021 年
	总　额	**41071**	**46224**	**45779**	**46559**	**60515**
1	广东省	11136	12112	11843	12062	14747
2	江苏省	6365	7171	6785	6844	8664
3	浙江省	3840	4414	4517	4650	6187
4	上海市	4473	4859	4737	4788	6046
5	山东省	3163	3641	3588	3535	5322
6	福建省	1531	1728	1748	1721	2475
7	天津市	1217	1417	1364	1258	1598
8	北京市	1216	1274	1123	1150	1576
9	辽宁省	1125	1341	1338	1183	1520
10	四川省	666	932	1044	1173	1422
11	河南省	814	875	880	1045	1365
12	河北省	815	875	947	1001	1365
13	重庆市	566	682	756	840	1091
14	安徽省	510	594	638	752	1030
15	广西壮族自治区	526	607	653	667	1001
16	湖北省	462	513	538	616	795
17	陕西省	406	523	491	513	682
18	江西省	369	412	444	509	679
19	湖南省	300	355	421	479	571
20	云南省	214	272	334	344	412
21	山西省	208	247	229	220	366
22	新疆维吾尔自治区	304	347	373	271	346
23	黑龙江省	167	237	249	205	288
24	内蒙古自治区	159	198	201	206	287
25	吉林省	198	215	192	196	244
26	海南省	137	181	172	166	202
27	贵州省	81	84	69	75	102
28	甘肃省	50	65	54	57	77
29	宁夏回族自治区	43	40	42	29	47
30	西藏自治区	6	6	6	3	6
31	青海省	5	6	5	3	4
	* 东部地区	33893	37674	36823	37174	48180
	* 东北地区	1490	1794	1780	1584	2052
	* 中部地区	2663	2995	3149	3621	4806
	* 西部地区	3025	3762	4028	4180	5477

注：1. 按 2021 年总额降序排列。

2. 带“*”数据不参与排序。

地区进口总额（人民币）

（按境内目的地分）　　单位：亿元

序　号	地　区	2000 年	2005 年	2010 年	2015 年	2020 年
	总　额	**18639**	**54274**	**94700**	**104336**	**142936**
1	广东省	6793	16268	24864	27036	31140
2	上海市	2491	7814	13040	15181	21547
3	江苏省	1890	9359	14739	14412	19863
4	山东省	1007	3415	7789	8063	12044
5	浙江省	921	3482	5854	4721	7835
6	北京市	1345	2891	5430	6325	5925
7	天津市	785	2355	3659	4387	5900
8	辽宁省	782	1841	3551	3475	5008
9	福建省	761	1716	2978	3337	4238
10	广西壮族自治区	53	238	883	2005	3147
11	河北省	180	601	2313	2020	3461
12	四川省	111	294	943	1154	3561
13	河南省	128	284	530	1942	2640
14	重庆市	66	151	328	1167	2001
15	安徽省	130	344	844	923	1898
16	陕西省	87	190	412	948	1701
17	湖北省	164	477	823	1090	1626
18	云南省	61	215	354	519	1198
19	黑龙江省	130	384	667	620	1046
20	江西省	72	190	620	654	1102
21	湖南省	112	255	477	637	1188
22	内蒙古自治区	105	248	498	482	972
23	吉林省	122	379	849	908	1033
24	新疆维吾尔自治区	118	273	597	901	1021
25	海南省	39	104	556	699	869
26	山西省	58	230	483	373	536
27	甘肃省	22	155	415	137	270
28	贵州省	31	74	98	149	108
29	宁夏回族自治区	16	31	69	62	48
30	西藏自治区	3	2	3	9	2
31	青海省	8	15	34	14	9
	* 东部地区	16212	48004	81222	86181	112823
	* 东北地区	1034	2604	5067	5002	7087
	* 中部地区	665	1780	3776	5619	8990
	* 西部地区	679	1885	4634	7546	14037

地区进口总额（人民币）

续表

序　号	地　区	2017 年	2018 年	2019 年	2020 年	2021 年
	总　额	**124790**	**140880**	**143254**	**142936**	**173661**
1	广东省	29603	33213	32008	31140	36977
2	上海市	18492	20114	20929	21547	25977
3	江苏省	17697	19781	18986	19863	23328
4	山东省	10770	12580	12936	12044	15954
5	浙江省	6199	7488	7729	7835	10340
6	北京市	6435	6522	5911	5925	6872
7	天津市	5350	6336	6554	5900	6618
8	辽宁省	4276	5020	5377	5008	5963
9	福建省	4121	4466	4545	4238	5818
10	广西壮族自治区	2583	2820	3169	3147	4517
11	河北省	2563	2500	3217	3461	4491
12	四川省	2126	2995	3559	3561	3828
13	河南省	2106	1971	1988	2640	3247
14	重庆市	1267	1469	1782	2001	2380
15	安徽省	1419	1510	1649	1898	2358
16	陕西省	1132	1445	1551	1701	1919
17	湖北省	1163	1295	1510	1626	1854
18	云南省	791	1097	1307	1198	1408
19	黑龙江省	774	1251	1325	1046	1364
20	江西省	820	938	1046	1102	1297
21	湖南省	834	952	1088	1188	1240
22	内蒙古自治区	683	815	878	972	1230
23	吉林省	984	1052	962	1033	1199
24	新疆维吾尔自治区	957	1275	1384	1021	1080
25	海南省	634	894	846	869	1010
26	山西省	469	535	560	536	775
27	甘肃省	223	256	218	270	356
28	贵州省	177	172	118	108	188
29	宁夏回族自治区	112	85	97	48	53
30	西藏自治区	17	15	4	2	15
31	青海省	11	17	18	9	6
	* 东部地区	101865	113893	113660	112823	137384
	* 东北地区	6034	7323	7664	7087	8526
	* 中部地区	6811	7202	7842	8990	10772
	* 西部地区	10080	12462	14087	14037	16979

注：1. 按 2021 年总额降序排列。
　　2. 带“*”数据不参与排序。

地区进口总额占比（人民币）

（按境内目的地分）　　　　单位：%

序号	地区	2000年	2005年	2010年	2015年	2020年
	总额	**100**	**100**	**100**	**100**	**100**
1	广东省	36.4	30.0	26.3	25.9	21.8
2	上海市	13.4	14.4	13.8	14.6	15.1
3	江苏省	10.1	17.2	15.6	13.8	13.9
4	山东省	5.4	6.3	8.2	7.7	8.4
5	浙江省	4.9	6.4	6.2	4.5	5.5
6	北京市	7.2	5.3	5.7	6.1	4.1
7	天津市	4.2	4.3	3.9	4.2	4.1
8	辽宁省	4.2	3.4	3.7	3.3	3.5
9	福建省	4.1	3.2	3.1	3.2	3.0
10	广西壮族自治区	0.3	0.4	0.9	1.9	2.2
11	河北省	1.0	1.1	2.4	1.9	2.4
12	四川省	0.6	0.5	1.0	1.1	2.5
13	河南省	0.7	0.5	0.6	1.9	1.8
14	重庆市	0.4	0.3	0.3	1.1	1.4
15	安徽省	0.7	0.6	0.9	0.9	1.3
16	陕西省	0.5	0.4	0.4	0.9	1.2
17	湖北省	0.9	0.9	0.9	1.0	1.1
18	云南省	0.3	0.4	0.4	0.5	0.8
19	黑龙江省	0.7	0.7	0.7	0.6	0.7
20	江西省	0.4	0.4	0.7	0.6	0.8
21	湖南省	0.6	0.5	0.5	0.6	0.8
22	内蒙古自治区	0.6	0.5	0.5	0.5	0.7
23	吉林省	0.7	0.7	0.9	0.9	0.7
24	新疆维吾尔自治区	0.6	0.5	0.6	0.9	0.7
25	海南省	0.2	0.2	0.6	0.7	0.6
26	山西省	0.3	0.4	0.5	0.4	0.4
27	甘肃省	0.1	0.3	0.4	0.1	0.2
28	贵州省	0.2	0.1	0.1	0.1	0.1
29	宁夏回族自治区	0.1	0.1	0.1	0.1	0.0
30	西藏自治区	0.0	0.0	0.0	0.0	0.0
31	青海省	0.0	0.0	0.0	0.0	0.0
	* 东部地区	87.0	88.4	85.8	82.6	78.9
	* 东北地区	5.5	4.8	5.4	4.8	5.0
	* 中部地区	3.6	3.3	4.0	5.4	6.3
	* 西部地区	3.6	3.5	4.9	7.2	9.8

地区进口总额占比（人民币）

续表

序　号	地　区	2017年	2018年	2019年	2020年	2021年
	总　额	**100**	**100**	**100**	**100**	**100**
1	广东省	23.7	23.6	22.3	21.8	25.9
2	上海市	14.8	14.3	14.6	15.1	18.2
3	江苏省	14.2	14	13.3	13.9	16.3
4	山东省	8.6	8.9	9.0	8.4	11.2
5	浙江省	5.0	5.3	5.4	5.5	7.2
6	北京市	5.2	4.6	4.1	4.1	4.8
7	天津市	4.3	4.5	4.6	4.1	4.6
8	辽宁省	3.4	3.6	3.8	3.5	4.2
9	福建省	3.3	3.2	3.2	3.0	4.1
10	广西壮族自治区	2.1	2	2.2	2.2	3.2
11	河北省	2.1	1.8	2.2	2.4	3.1
12	四川省	1.7	2.1	2.5	2.5	2.7
13	河南省	1.7	1.4	1.4	1.8	2.3
14	重庆市	1.0	1	1.2	1.4	1.7
15	安徽省	1.1	1.1	1.2	1.3	1.6
16	陕西省	0.9	1	1.1	1.2	1.3
17	湖北省	0.9	0.9	1.1	1.1	1.3
18	云南省	0.6	0.8	0.9	0.8	1.0
19	黑龙江省	0.6	0.9	0.9	0.7	1.0
20	江西省	0.7	0.7	0.7	0.8	0.9
21	湖南省	0.7	0.7	0.8	0.8	0.9
22	内蒙古自治区	0.5	0.6	0.6	0.7	0.9
23	吉林省	0.8	0.7	0.7	0.7	0.8
24	新疆维吾尔自治区	0.8	0.9	1.0	0.7	0.8
25	海南省	0.5	0.6	0.6	0.6	0.7
26	山西省	0.4	0.4	0.4	0.4	0.5
27	甘肃省	0.2	0.2	0.2	0.2	0.2
28	贵州省	0.1	0.1	0.1	0.1	0.1
29	宁夏回族自治区	0.1	0.1	0.1	0.0	0.0
30	西藏自治区	0.0	0	0.0	0.0	0.0
31	青海省	0.0	0	0.0	0.0	0.0
	*东部地区	81.6	80.8	79.3	78.9	79.1
	*东北地区	4.8	5.2	5.3	5.0	4.9
	*中部地区	5.5	5.1	5.5	6.3	6.2
	*西部地区	8.1	8.8	9.8	9.8	9.8

注：1. 按2021年总额占比降序排列。
　　2. 带“*”数据不参与排序。

地区进口总额（美元）

（按境内目的地分）　　单位：亿美元

序号	地区	2000年	2005年	2010年	2015年	2020年
	总　额	**2251**	**6600**	**13962**	**16796**	**20660**
1	广东省	820	1982	3668	4350	4501
2	上海市	301	949	1922	2443	3115
3	江苏省	228	1139	2173	2321	2870
4	山东省	122	414	1149	1299	1740
5	浙江省	111	423	863	761	1133
6	北京市	163	351	800	1018	855
7	天津市	95	286	538	707	852
8	辽宁省	94	224	523	560	723
9	福建省	92	209	439	538	612
10	广西壮族自治区	6	29	130	322	455
11	河北省	22	73	341	326	501
12	四川省	13	36	139	186	515
13	河南省	15	35	78	312	385
14	重庆市	8	18	48	188	290
15	安徽省	16	42	125	149	274
16	陕西省	11	23	61	153	246
17	湖北省	20	58	121	175	235
18	云南省	7	26	52	83	173
19	黑龙江省	16	47	98	100	151
20	江西省	9	23	91	105	159
21	湖南省	14	31	70	102	172
22	内蒙古自治区	13	30	73	78	141
23	吉林省	15	46	125	146	149
24	新疆维吾尔自治区	14	33	88	145	147
25	海南省	5	13	82	112	126
26	山西省	7	28	71	60	78
27	甘肃省	3	19	61	22	39
28	贵州省	4	9	14	24	16
29	宁夏回族自治区	2	4	10	10	7
30	西藏自治区	0	0	1	1	0
31	青海省	1	2	5	2	1
	*东部地区	1957	5838	11976	13875	16304
	*东北地区	125	316	747	806	1023
	*中部地区	80	216	557	903	1303
	*西部地区	82	229	683	1214	2029

地区进口总额（美元）

续表

序　号	地　区	2017 年	2018 年	2019 年	2020 年	2021 年
	总　额	**18438**	**21357**	**20784**	**20660**	**26875**
1	广东省	4373	5035	4644	4501	5724
2	上海市	2732	3048	3036	3115	4021
3	江苏省	2615	3000	2755	2870	3610
4	山东省	1590	1907	1877	1740	2469
5	浙江省	916	1135	1121	1133	1600
6	北京市	951	991	858	855	1062
7	天津市	791	957	951	852	1024
8	辽宁省	631	761	780	723	922
9	福建省	608	678	660	612	900
10	广西壮族自治区	382	430	460	455	699
11	河北省	378	380	467	501	695
12	四川省	314	455	516	515	592
13	河南省	312	296	287	385	503
14	重庆市	187	222	258	290	368
15	安徽省	210	229	239	274	365
16	陕西省	167	219	225	246	297
17	湖北省	172	196	219	235	287
18	云南省	117	166	190	173	218
19	黑龙江省	114	189	192	151	211
20	江西省	121	142	152	159	201
21	湖南省	123	144	158	172	192
22	内蒙古自治区	101	124	127	141	190
23	吉林省	145	160	140	149	185
24	新疆维吾尔自治区	141	193	201	147	167
25	海南省	93	134	123	126	156
26	山西省	69	81	81	78	120
27	甘肃省	33	39	32	39	55
28	贵州省	26	26	17	16	29
29	宁夏回族自治区	17	13	14	7	8
30	西藏自治区	2	2	1	0	2
31	青海省	2	3	3	1	1
	* 东部地区	15048	17266	16492	16304	21262
	* 东北地区	891	1110	1112	1023	1319
	* 中部地区	1008	1090	1136	1303	1667
	* 西部地区	1491	1892	2044	2029	2627

注：1. 按 2021 年总额降序排列。

2. 带“*”数据不参与排序。

地区出口总额（人民币）

（按境内货源地分）　　　　单位：亿元

序　号	地　区	2000 年	2005 年	2010 年	2015 年	2020 年
	总　额	**20634**	**62648**	**107023**	**141167**	**179279**
1	广东省	7734	19772	31664	45372	52297
2	江苏省	2182	10244	19093	21650	27534
3	浙江省	1687	6713	13633	17562	24379
4	山东省	1337	3935	7481	9217	12417
5	上海市	2044	7127	11758	11097	11585
6	福建省	1105	2959	4519	5819	7676
7	河南省	134	462	827	2852	4538
8	四川省	118	337	842	1760	4553
9	重庆市	87	197	474	2478	3809
10	河北省	269	991	1901	2954	3460
11	安徽省	176	418	741	1716	3312
12	辽宁省	876	2032	2914	3170	3186
13	天津市	635	2143	2568	3000	2812
14	北京市	636	1514	2088	1804	2048
15	湖北省	157	345	944	1685	2641
16	江西省	98	218	800	1871	2429
17	陕西省	109	316	383	908	1850
18	湖南省	133	317	582	1185	2124
19	广西壮族自治区	136	236	442	873	1467
20	山西省	172	519	458	710	982
21	云南省	89	196	346	662	1177
22	新疆维吾尔自治区	94	410	851	778	855
23	内蒙古自治区	91	188	296	380	452
24	黑龙江省	201	476	577	391	376
25	贵州省	41	93	137	339	409
26	吉林省	122	228	305	333	323
27	海南省	47	70	147	265	278
28	宁夏回族自治区	29	67	106	147	155
29	甘肃省	35	91	87	134	125
30	西藏自治区	0	9	36	33	17
31	青海省	11	26	22	23	13
	* 东部地区	17676	55466	94852	118739	144486
	* 东北地区	1199	2736	3797	3894	3885
	* 中部地区	870	2280	4353	10020	16026
	* 西部地区	840	2167	4021	8514	14882

地区出口总额（人民币）

续表

序　号	地　区	2017 年	2018 年	2019 年	2020 年	2021 年
	总　额	**153310**	**164128**	**172374**	**179279**	**217348**
1	广东省	45805	46756	49667	52297	58313
2	江苏省	25399	27520	27767	27534	32649
3	浙江省	19822	21628	23413	24379	29640
4	山东省	10658	11441	11788	12417	18425
5	上海市	11795	11938	11734	11585	13079
6	福建省	6252	6927	7502	7676	10173
7	河南省	3381	3847	4106	4538	5567
8	四川省	2377	3158	3642	4553	5356
9	重庆市	2560	3037	3432	3809	4667
10	河北省	2966	3263	3312	3460	4329
11	安徽省	2033	2406	2746	3312	4296
12	辽宁省	3349	3819	3844	3186	3863
13	天津市	2890	3031	2841	2812	3706
14	北京市	1793	1864	1829	2048	3318
15	湖北省	1964	2090	2199	2641	3286
16	江西省	1682	1776	2012	2429	3086
17	陕西省	1610	1997	1830	1850	2485
18	湖南省	1196	1389	1819	2124	2451
19	广西壮族自治区	975	1170	1332	1467	1954
20	山西省	939	1089	1016	982	1590
21	云南省	653	695	1002	1177	1254
22	新疆维吾尔自治区	1100	1020	1189	855	1158
23	内蒙古自治区	394	493	508	452	627
24	黑龙江省	357	318	388	376	497
25	贵州省	371	379	359	409	471
26	吉林省	356	368	364	323	378
27	海南省	291	307	334	278	295
28	宁夏回族自治区	181	181	192	155	248
29	甘肃省	114	171	153	125	140
30	西藏自治区	25	27	38	17	26
31	青海省	19	22	16	13	20
	* 东部地区	127670	134675	140187	144486	173926
	* 东北地区	4063	4505	4596	3885	4738
	* 中部地区	11195	12598	13898	16026	20276
	* 西部地区	10381	12350	13692	14882	18407

注：1. 按 2021 年总额降序排列。

2. 带“*”数据不参与排序。

地区出口总额占比（人民币）

（按境内货源地分）　　单位:%

序　号	地　区	2000 年	2005 年	2010 年	2015 年	2020 年
	总　额	**100**	**100**	**100**	**100**	**100**
1	广东省	37.5	31.6	29.6	32.1	29.2
2	江苏省	10.6	16.4	17.8	15.3	15.4
3	浙江省	8.2	10.7	12.7	12.4	13.6
4	山东省	6.5	6.3	7.0	6.5	6.9
5	上海市	9.9	11.4	11.0	7.9	6.5
6	福建省	5.4	4.7	4.2	4.1	4.3
7	河南省	0.6	0.7	0.8	2.0	2.5
8	四川省	0.6	0.5	0.8	1.2	2.5
9	重庆市	0.4	0.3	0.4	1.8	2.1
10	河北省	1.3	1.6	1.8	2.1	1.9
11	安徽省	0.9	0.7	0.7	1.2	1.8
12	辽宁省	4.2	3.2	2.7	2.2	1.8
13	天津市	3.1	3.4	2.4	2.1	1.6
14	北京市	3.1	2.4	2.0	1.3	1.1
15	湖北省	0.8	0.6	0.9	1.2	1.5
16	江西省	0.5	0.3	0.7	1.3	1.4
17	陕西省	0.5	0.5	0.4	0.6	1.0
18	湖南省	0.6	0.5	0.5	0.8	1.2
19	广西壮族自治区	0.7	0.4	0.4	0.6	0.8
20	山西省	0.8	0.8	0.4	0.5	0.5
21	云南省	0.4	0.3	0.3	0.5	0.7
22	新疆维吾尔自治区	0.5	0.7	0.8	0.6	0.5
23	内蒙古自治区	0.4	0.3	0.3	0.3	0.3
24	黑龙江省	1.0	0.8	0.5	0.3	0.2
25	贵州省	0.2	0.1	0.1	0.2	0.2
26	吉林省	0.6	0.4	0.3	0.2	0.2
27	海南省	0.2	0.1	0.1	0.2	0.2
28	宁夏回族自治区	0.1	0.1	0.1	0.1	0.1
29	甘肃省	0.2	0.1	0.1	0.1	0.1
30	西藏自治区	0.0	0.0	0.0	0.0	0.0
31	青海省	0.1	0.0	0.0	0.0	0.0
	* 东部地区	85.7	88.5	88.6	84.1	80.6
	* 东北地区	5.8	4.4	3.5	2.8	2.2
	* 中部地区	4.2	3.6	4.1	7.1	8.9
	* 西部地区	4.1	3.5	3.8	6.0	8.3

地区出口总额占比（人民币）

续表

序　号	地　区	2017 年	2018 年	2019 年	2020 年	2021 年
	总　额	**100**	**100**	**100**	**100**	**100.0**
1	广东省	29.9	28.5	28.8	29.2	26.8
2	江苏省	16.6	16.8	16.1	15.4	15.0
3	浙江省	12.9	13.2	13.6	13.6	13.6
4	山东省	7.0	7.0	6.8	6.9	8.5
5	上海市	7.7	7.3	6.8	6.5	6.0
6	福建省	4.1	4.2	4.4	4.3	4.7
7	河南省	2.2	2.3	2.4	2.5	2.6
8	四川省	1.6	1.9	2.1	2.5	2.5
9	重庆市	1.7	1.9	2.0	2.1	2.1
10	河北省	1.9	2.0	1.9	1.9	2.0
11	安徽省	1.3	1.5	1.6	1.8	2.0
12	辽宁省	2.2	2.3	2.2	1.8	1.8
13	天津市	1.9	1.8	1.6	1.6	1.7
14	北京市	1.2	1.1	1.1	1.1	1.5
15	湖北省	1.3	1.3	1.3	1.5	1.5
16	江西省	1.1	1.1	1.2	1.4	1.4
17	陕西省	1.1	1.2	1.1	1.0	1.1
18	湖南省	0.8	0.8	1.1	1.2	1.1
19	广西壮族自治区	0.6	0.7	0.8	0.8	0.9
20	山西省	0.6	0.7	0.6	0.5	0.7
21	云南省	0.4	0.4	0.6	0.7	0.6
22	新疆维吾尔自治区	0.7	0.6	0.7	0.5	0.5
23	内蒙古自治区	0.3	0.3	0.3	0.3	0.3
24	黑龙江省	0.2	0.2	0.2	0.2	0.2
25	贵州省	0.2	0.2	0.2	0.2	0.2
26	吉林省	0.2	0.2	0.2	0.2	0.2
27	海南省	0.2	0.2	0.2	0.2	0.1
28	宁夏回族自治区	0.1	0.1	0.1	0.1	0.1
29	甘肃省	0.1	0.1	0.1	0.1	0.1
30	西藏自治区	0.0	0.0	0.0	0.0	0.0
31	青海省	0.0	0.0	0.0	0.0	0.0
	* 东部地区	83.3	82.1	81.3	80.6	80.0
	* 东北地区	2.7	2.7	2.7	2.2	2.2
	* 中部地区	7.3	7.7	8.1	8.9	9.3
	* 西部地区	6.8	7.5	7.9	8.3	8.5

注：1. 按 2021 年总额占比降序排列。
　　2. 带“*”数据不参与排序。

地区出口总额（美元）

（按境内货源地分）　　单位：亿美元

序　号	地　区	2000 年	2005 年	2010 年	2015 年	2020 年
	总　额	**2492**	**7620**	**15778**	**22735**	**25900**
1	广东省	934	2410	4672	7302	7561
2	江苏省	263	1246	2814	3488	3974
3	浙江省	204	816	2009	2830	3518
4	山东省	162	477	1103	1485	1795
5	上海市	247	866	1733	1787	1673
6	福建省	133	359	666	938	1109
7	河南省	16	56	122	458	660
8	四川省	14	41	124	284	658
9	重庆市	11	24	70	399	550
10	河北省	33	120	280	477	500
11	安徽省	21	51	109	277	478
12	辽宁省	106	247	429	511	460
13	天津市	77	260	378	484	406
14	北京市	77	184	307	290	295
15	湖北省	19	42	139	271	381
16	江西省	12	27	118	301	350
17	陕西省	13	38	56	146	267
18	湖南省	16	39	86	191	307
19	广西壮族自治区	16	29	65	141	212
20	山西省	21	63	67	114	142
21	云南省	11	24	51	107	170
22	新疆维吾尔自治区	11	50	126	125	123
23	内蒙古自治区	11	23	44	61	65
24	黑龙江省	24	58	85	63	54
25	贵州省	5	11	20	54	59
26	吉林省	15	28	45	54	47
27	海南省	6	9	22	43	40
28	宁夏回族自治区	4	8	16	24	22
29	甘肃省	4	11	13	22	18
30	西藏自治区	0	1	5	5	3
31	青海省	1	3	3	4	2
	* 东部地区	2134	6747	13984	19123	20870
	* 东北地区	145	332	560	628	561
	* 中部地区	105	277	642	1612	2318
	* 西部地区	102	263	593	1372	2151

地区出口总额（美元）

续表

序　号	地　区	2017 年	2018 年	2019 年	2020 年	2021 年
	总　额	**22633**	**24867**	**24995**	**25900**	**33640**
1	广东省	6763	7077	7199	7561	9023
2	江苏省	3750	4172	4030	3974	5054
3	浙江省	2924	3279	3396	3518	4587
4	山东省	1573	1734	1710	1795	2853
5	上海市	1741	1810	1701	1673	2025
6	福建省	922	1050	1088	1109	1575
7	河南省	501	579	593	660	862
8	四川省	352	478	528	658	830
9	重庆市	378	460	497	550	722
10	河北省	437	495	481	500	670
11	安徽省	300	365	399	478	665
12	辽宁省	494	580	558	460	597
13	天津市	426	461	413	406	573
14	北京市	265	283	265	295	514
15	湖北省	290	317	319	381	508
16	江西省	248	269	292	350	478
17	陕西省	238	304	266	267	385
18	湖南省	177	210	263	307	380
19	广西壮族自治区	144	177	193	212	302
20	山西省	139	165	147	142	246
21	云南省	97	105	145	170	194
22	新疆维吾尔自治区	163	154	172	123	179
23	内蒙古自治区	58	75	74	65	97
24	黑龙江省	53	48	56	54	77
25	贵州省	55	57	52	59	73
26	吉林省	53	56	53	47	58
27	海南省	43	46	48	40	46
28	宁夏回族自治区	27	28	28	22	38
29	甘肃省	17	26	22	18	22
30	西藏自治区	4	4	6	3	4
31	青海省	3	3	2	2	3
	* 东部地区	18845	20408	20331	20870	26918
	* 东北地区	600	684	667	561	733
	* 中部地区	1655	1905	2013	2318	3139
	* 西部地区	1534	1870	1984	2151	2850

注：1. 按 2021 年总额降序排列。

2. 带“*”数据不参与排序。

城市进出口总额（人民币）

（按收发货人所在地分） 单位：亿元

序　号	城　市	2000年	2005年	2010年	2015年	2020年
1	上海市	4531	15338	25035	27908	34873
2	深圳市	5300	14972	23492	27510	30506
3	北京市	4090	10332	20478	19828	23313
4	苏州市	1663	11559	18590	18955	22329
5	东莞市	2651	6114	8243	10400	13304
6	宁波市	615	2757	5626	6201	9810
7	广州市	1926	4393	7039	8302	9539
8	厦门市	821	2353	3868	5132	6950
9	天津市	1421	4386	5579	7096	7368
10	青岛市	1122	2718	3870	4337	6418
11	成都市	119	373	1671	2435	7152
12	重庆市	148	354	842	4615	6514
13	杭州市	865	2459	3552	4114	5958
14	无锡市	498	2400	4153	4247	6075
15	南京市	753	2227	3092	3305	5340
16	佛山市	855	2112	3503	4085	5061
17	郑州市	75	161	351	3516	4948
18	金华市	60	389	895	3041	4867
19	西安市	142	322	706	1762	3478
20	大连市	1077	2131	3537	3476	3853
21	烟台市	260	943	2971	3068	3220
22	嘉兴市	226	817	1549	1928	3052
23	南通市	262	701	1429	1962	2626
24	武汉市	169	507	1227	1750	2708
25	合肥市	159	344	675	1263	2598
26	福州市	565	1198	1667	2063	2639
27	珠海市	760	2117	2948	2961	2733
28	惠州市	680	1560	2321	3376	2488
29	常州市	234	686	1511	1740	2416
30	绍兴市	137	863	1834	1855	2578

城市进出口总额（人民币）

续表

序　号	城　市	2017 年	2018 年	2019 年	2020 年	2021 年
1	上海市	32243	34012	34054	34873	40610
2	深圳市	27791	29857	29781	30506	35436
3	北京市	21944	27186	28690	23313	30438
4	苏州市	21393	23370	21986	22329	25332
5	东莞市	12101	13178	13763	13304	15247
6	宁波市	7586	8560	9169	9810	11926
7	广州市	9715	9812	10007	9539	10826
8	厦门市	5782	5988	6413	6950	8877
9	天津市	7645	8080	7346	7368	8567
10	青岛市	5024	5316	5923	6418	8498
11	成都市	3902	4916	5732	7152	8213
12	重庆市	4508	5221	5792	6514	8001
13	杭州市	5079	5241	5604	5958	7369
14	无锡市	5501	6151	6366	6075	6829
15	南京市	4122	4318	4834	5340	6367
16	佛山市	4344	4596	4825	5061	6161
17	郑州市	3920	4032	4132	4948	5892
18	金华市	3386	3758	4219	4867	5880
19	西安市	2550	3304	3242	3478	4400
20	大连市	4192	4765	4364	3853	4248
21	烟台市	3087	3047	2904	3220	4115
22	嘉兴市	2470	2820	2832	3052	3785
23	南通市	2360	2542	2505	2626	3406
24	武汉市	1935	2120	2374	2708	3359
25	合肥市	1688	2029	2216	2598	3325
26	福州市	2387	2506	2629	2639	3322
27	珠海市	2992	3248	2908	2733	3320
28	惠州市	3416	3335	2710	2488	3055
29	常州市	2118	2266	2331	2416	3018
30	绍兴市	1997	2240	2459	2578	2993

注：1. 按 2021 年收发货人所在地人民币进出口总额前 30 位地级及以上城市降序排列。
2. 所列城市采用海关统计地域口径，下同。

城市进出口总额（美元）

（按收发货人所在地分） 单位：亿美元

序　号	城　市	2000 年	2005 年	2010 年	2015 年	2020 年
1	上海市	547	1863	3690	4492	5038
2	深圳市	639	1828	3468	4425	4409
3	北京市	494	1255	3017	3194	3365
4	苏州市	201	1407	2741	3053	3225
5	东莞市	320	744	1216	1675	1921
6	宁波市	74	335	829	999	1416
7	广州市	232	534	1038	1338	1377
8	厦门市	99	286	570	827	1003
9	天津市	172	533	821	1143	1063
10	青岛市	135	330	571	698	929
11	成都市	14	45	246	393	1034
12	重庆市	18	43	124	745	942
13	杭州市	104	299	524	663	860
14	无锡市	60	292	612	684	878
15	南京市	91	271	456	532	772
16	佛山市	103	257	517	657	732
17	郑州市	9	20	52	564	722
18	金华市	7	47	132	490	701
19	西安市	17	39	104	283	503
20	大连市	130	259	521	560	556
21	烟台市	31	114	438	494	466
22	嘉兴市	27	99	228	311	441
23	南通市	32	85	211	316	379
24	武汉市	20	62	181	281	392
25	合肥市	19	42	100	203	375
26	福州市	68	146	246	332	381
27	珠海市	92	257	435	476	395
28	惠州市	82	190	342	544	360
29	常州市	28	83	223	280	349
30	绍兴市	17	105	270	299	372

城市进出口总额（美元）

续表

序　号	城　市	2017 年	2018 年	2019 年	2020 年	2021 年
1	上海市	4762	5157	4939	5038	6286
2	深圳市	4107	4518	4316	4409	5486
3	北京市	3240	4125	4165	3365	4710
4	苏州市	3160	3540	3191	3225	3921
5	东莞市	1787	1997	1996	1921	2360
6	宁波市	1120	1299	1331	1416	1845
7	广州市	1432	1485	1451	1377	1675
8	厦门市	853	908	930	1003	1374
9	天津市	1129	1226	1066	1063	1326
10	青岛市	741	804	859	929	1316
11	成都市	577	743	831	1034	1272
12	重庆市	666	790	839	942	1238
13	杭州市	750	795	813	860	1140
14	无锡市	812	933	924	878	1057
15	南京市	609	655	700	772	985
16	佛山市	641	697	700	732	952
17	郑州市	582	604	595	722	912
18	金华市	499	570	612	701	910
19	西安市	377	501	471	503	681
20	大连市	618	722	633	556	657
21	烟台市	456	462	421	466	637
22	嘉兴市	365	428	411	441	586
23	南通市	348	386	363	379	527
24	武汉市	286	321	344	392	520
25	合肥市	249	308	321	375	515
26	福州市	352	381	382	381	514
27	珠海市	443	494	422	395	514
28	惠州市	504	506	394	360	473
29	常州市	313	344	338	349	467
30	绍兴市	295	340	356	372	463

注：按城市进出口总额（人民币）（按收发货人所在地分）表中城市顺序赋值。

城市进口总额（人民币）

（按收发货人所在地分）　　　　单位：亿元

序　号	城　市	2000 年	2005 年	2010 年	2015 年	2020 年
1	上海市	2430	7871	12771	15744	21152
2	深圳市	2436	6657	9661	11098	13534
3	北京市	3099	7791	16712	16433	18649
4	苏州市	795	5575	8204	7691	9391
5	东莞市	1234	2750	3523	3971	5023
6	宁波市	195	928	2101	1781	3406
7	广州市	950	2202	3757	3271	4117
8	厦门市	343	931	1472	1816	3378
9	天津市	707	2132	3031	3922	4294
10	青岛市	436	1121	1572	1531	2543
11	成都市	52	152	730	963	3053
12	重庆市	65	146	335	1198	2326
13	杭州市	290	829	1154	1016	2268
14	无锡市	218	1122	1692	1628	2530
15	南京市	309	1055	1404	1349	1943
16	佛山市	379	709	1262	1087	929
17	郑州市	23	46	115	1567	2000
18	金华市	7	28	68	83	255
19	西安市	55	104	345	942	1702
20	大连市	464	972	1679	1841	2181
21	烟台市	97	412	1242	1325	1257
22	嘉兴市	69	237	460	506	779
23	南通市	93	225	474	544	834
24	武汉市	71	299	633	806	1287
25	合肥市	49	114	294	412	1018
26	福州市	223	424	561	766	794
27	珠海市	458	1231	1534	1167	1125
28	惠州市	307	686	949	1215	801
29	常州市	80	182	456	421	620
30	绍兴市	32	193	403	171	192

城市进口总额（人民币）

续表

序号	城市	2017年	2018年	2019年	2020年	2021年
1	上海市	19125	20347	20329	21152	24892
2	深圳市	11385	13632	13065	13534	16172
3	北京市	17977	22313	23517	18649	24320
4	苏州市	8723	9716	8753	9391	10456
5	东莞市	5106	5292	5131	5023	5687
6	宁波市	2604	3012	3199	3406	4302
7	广州市	3923	4204	4749	4117	4514
8	厦门市	2536	2651	2883	3378	4569
9	天津市	4693	4872	4328	4294	4692
10	青岛市	2002	2150	2513	2543	3577
11	成都市	1859	2213	2497	3053	3380
12	重庆市	1625	1827	2079	2326	2832
13	杭州市	1628	1825	1985	2268	2722
14	无锡市	2147	2412	2545	2530	2608
15	南京市	1806	1818	1822	1943	2377
16	佛山市	1202	1069	1098	929	1153
17	郑州市	1595	1458	1452	2000	2339
18	金华市	79	100	185	255	554
19	西安市	998	1346	1512	1702	2038
20	大连市	2419	2848	2423	2181	2317
21	烟台市	1354	1280	1173	1257	1666
22	嘉兴市	694	804	726	779	985
23	南通市	668	865	794	834	1142
24	武汉市	778	849	1020	1287	1430
25	合肥市	701	826	823	1018	1296
26	福州市	894	838	785	794	1121
27	珠海市	1109	1361	1253	1125	1434
28	惠州市	1183	1126	888	801	923
29	常州市	563	613	592	620	821
30	绍兴市	146	194	208	192	236

注：按城市进出口总额（人民币）（按收发货人所在地分）表中城市顺序赋值。

城市进口总额（美元）

（按收发货人所在地分）　　单位：亿美元

序号	城市	2000 年	2005 年	2010 年	2015 年	2020 年
1	上海市	293	956	1882	2533	3058
2	深圳市	294	813	1426	1784	1956
3	北京市	374	946	2463	2648	2693
4	苏州市	96	679	1210	1239	1356
5	东莞市	149	334	520	639	726
6	宁波市	24	113	310	287	492
7	广州市	115	268	554	527	595
8	厦门市	41	113	217	292	488
9	天津市	85	259	446	632	620
10	青岛市	53	136	232	247	368
11	成都市	6	19	107	155	441
12	重庆市	8	18	49	193	337
13	杭州市	35	101	170	164	327
14	无锡市	26	136	249	262	366
15	南京市	37	128	207	217	281
16	佛山市	46	86	187	175	135
17	郑州市	3	6	17	251	292
18	金华市	1	3	10	13	37
19	西安市	7	13	51	151	246
20	大连市	56	118	247	297	314
21	烟台市	12	50	183	213	182
22	嘉兴市	8	29	68	82	113
23	南通市	11	27	70	88	121
24	武汉市	9	36	93	129	186
25	合肥市	6	14	43	66	147
26	福州市	27	52	83	123	114
27	珠海市	55	150	226	188	163
28	惠州市	37	84	140	196	116
29	常州市	10	22	67	68	90
30	绍兴市	4	23	59	28	28

城市进口总额（美元）

续表

序号	城市	2017 年	2018 年	2019 年	2020 年	2021 年
1	上海市	2826	3085	2949	3058	3853
2	深圳市	1684	2065	1894	1956	2503
3	北京市	2655	3384	3414	2693	3764
4	苏州市	1289	1472	1270	1356	1618
5	东莞市	754	803	745	726	880
6	宁波市	385	457	465	492	666
7	广州市	579	637	689	595	698
8	厦门市	374	403	418	488	707
9	天津市	694	737	629	620	726
10	青岛市	295	325	365	368	554
11	成都市	275	335	362	441	523
12	重庆市	240	277	301	337	438
13	杭州市	240	277	288	327	421
14	无锡市	317	366	370	366	404
15	南京市	267	276	264	281	368
16	佛山市	177	162	159	135	179
17	郑州市	237	218	209	292	362
18	金华市	12	15	27	37	86
19	西安市	147	204	219	246	315
20	大连市	357	432	351	314	358
21	烟台市	200	194	170	182	258
22	嘉兴市	103	122	105	113	152
23	南通市	99	131	115	121	177
24	武汉市	115	129	148	186	221
25	合肥市	104	125	119	147	200
26	福州市	132	127	114	114	173
27	珠海市	164	207	182	163	222
28	惠州市	175	171	129	116	143
29	常州市	83	93	86	90	127
30	绍兴市	22	29	30	28	37

注：按城市进出口总额（人民币）（按收发货人所在地分）表中城市顺序赋值。

城市出口总额（人民币）

（按收发货人所在地分）　　　　单位：亿元

序号	城市	2000年	2005年	2010年	2015年	2020年
1	上海市	2101	7467	12264	12164	13721
2	深圳市	2865	8315	13832	16413	16972
3	北京市	991	2540	3766	3395	4664
4	苏州市	868	5984	10386	11264	12938
5	东莞市	1416	3365	4720	6429	8281
6	宁波市	420	1829	3525	4420	6405
7	广州市	976	2191	3282	5031	5423
8	厦门市	478	1423	2396	3316	3572
9	天津市	714	2254	2548	3174	3074
10	青岛市	686	1597	2298	2806	3875
11	成都市	67	220	941	1472	4099
12	重庆市	83	208	507	3417	4187
13	杭州市	575	1630	2398	3097	3690
14	无锡市	279	1278	2460	2619	3545
15	南京市	444	1172	1688	1956	3397
16	佛山市	475	1403	2241	2998	4131
17	郑州市	52	115	235	1950	2949
18	金华市	52	361	827	2958	4612
19	西安市	87	217	361	820	1776
20	大连市	613	1158	1858	1635	1672
21	烟台市	163	531	1729	1743	1963
22	嘉兴市	156	580	1089	1422	2272
23	南通市	169	477	955	1418	1792
24	武汉市	97	208	594	944	1421
25	合肥市	110	230	382	851	1581
26	福州市	342	774	1106	1297	1845
27	珠海市	302	885	1414	1793	1608
28	惠州市	372	873	1371	2161	1688
29	常州市	154	504	1055	1319	1796
30	绍兴市	105	670	1430	1683	2386

城市出口总额（人民币）

续表

序　号	城　市	2017 年	2018 年	2019 年	2020 年	2021 年
1	上海市	13118	13665	13725	13721	15719
2	深圳市	16406	16225	16715	16972	19263
3	北京市	3967	4872	5172	4664	6118
4	苏州市	12670	13654	13233	12938	14876
5	东莞市	6995	7886	8632	8281	9560
6	宁波市	4982	5549	5970	6405	7624
7	广州市	5792	5607	5258	5423	6312
8	厦门市	3246	3338	3530	3572	4307
9	天津市	2952	3208	3018	3074	3876
10	青岛市	3022	3166	3410	3875	4921
11	成都市	2043	2703	3236	4099	4833
12	重庆市	2883	3394	3713	4187	5168
13	杭州市	3451	3417	3619	3690	4647
14	无锡市	3354	3740	3820	3545	4222
15	南京市	2316	2500	3011	3397	3990
16	佛山市	3142	3527	3727	4131	5007
17	郑州市	2325	2574	2680	2949	3553
18	金华市	3307	3658	4035	4612	5326
19	西安市	1553	1957	1730	1776	2362
20	大连市	1773	1917	1941	1672	1932
21	烟台市	1734	1767	1731	1963	2449
22	嘉兴市	1776	2017	2106	2272	2801
23	南通市	1692	1677	1711	1792	2263
24	武汉市	1157	1271	1354	1421	1929
25	合肥市	986	1203	1393	1581	2029
26	福州市	1493	1668	1844	1845	2201
27	珠海市	1883	1887	1655	1608	1886
28	惠州市	2233	2209	1822	1688	2132
29	常州市	1555	1653	1739	1796	2196
30	绍兴市	1852	2046	2251	2386	2757

注：按城市进出口总额（人民币）（按收发货人所在地分）表中城市顺序赋值。

城市出口总额（美元）

（按收发货人所在地分）　　　　单位：亿美元

序　号	城　市	2000 年	2005 年	2010 年	2015 年	2020 年
1	上海市	254	907	1807	1959	1980
2	深圳市	346	1015	2042	2640	2453
3	北京市	120	309	554	547	671
4	苏州市	105	728	1531	1815	1868
5	东莞市	171	409	696	1036	1195
6	宁波市	51	222	520	712	924
7	广州市	118	267	484	811	782
8	厦门市	58	173	353	534	516
9	天津市	86	274	375	512	443
10	青岛市	83	194	339	451	561
11	成都市	8	27	139	238	592
12	重庆市	10	25	75	552	605
13	杭州市	69	198	353	499	532
14	无锡市	34	155	363	422	512
15	南京市	54	142	249	315	491
16	佛山市	57	171	330	482	598
17	郑州市	6	14	35	312	430
18	金华市	6	44	122	477	664
19	西安市	11	26	53	132	257
20	大连市	74	141	274	263	242
21	烟台市	20	64	255	280	284
22	嘉兴市	19	70	160	229	328
23	南通市	20	58	141	228	259
24	武汉市	12	25	88	152	206
25	合肥市	13	28	56	137	228
26	福州市	41	94	163	209	266
27	珠海市	36	108	209	288	232
28	惠州市	45	107	202	348	244
29	常州市	19	61	156	213	259
30	绍兴市	13	81	211	271	345

城市出口总额（美元）

续表

序　号	城　市	2017 年	2018 年	2019 年	2020 年	2021 年
1	上海市	1936	2071	1990	1980	2433
2	深圳市	2423	2453	2422	2453	2982
3	北京市	586	741	751	671	946
4	苏州市	1871	2068	1920	1868	2303
5	东莞市	1034	1194	1251	1195	1480
6	宁波市	735	841	866	924	1180
7	广州市	853	849	762	782	976
8	厦门市	479	506	512	516	667
9	天津市	436	488	438	443	600
10	青岛市	446	479	494	561	762
11	成都市	302	408	469	592	748
12	重庆市	426	514	538	605	800
13	杭州市	509	518	525	532	719
14	无锡市	495	567	554	512	654
15	南京市	342	379	436	491	618
16	佛山市	463	535	541	598	774
17	郑州市	345	386	386	430	550
18	金华市	488	555	585	664	824
19	西安市	230	298	251	257	366
20	大连市	262	291	282	242	299
21	烟台市	256	268	251	284	379
22	嘉兴市	262	306	306	328	433
23	南通市	249	255	248	259	350
24	武汉市	171	192	196	206	299
25	合肥市	146	182	202	228	314
26	福州市	220	254	268	266	341
27	珠海市	279	287	240	232	292
28	惠州市	330	335	265	244	330
29	常州市	229	251	252	259	340
30	绍兴市	273	311	326	345	427

注：按城市进出口总额（人民币）（按收发货人所在地分）表中城市顺序赋值。

城市进出口总额（人民币）

（按境内目的地/货源地分）　　单位：亿元

序　号	城　市	2000 年	2005 年	2010 年	2015 年	2020 年
1	上海市	4535	14941	24798	26278	33132
2	深圳市	5326	14660	23859	30202	36712
3	北京市	1981	4405	7518	8128	7972
4	苏州市	1731	11909	18977	19434	23106
5	东莞市	2792	6398	8801	10544	14200
6	宁波市	820	3801	6691	6257	8799
7	广州市	1821	4412	7450	11672	11472
8	厦门市	720	1949	2948	3448	4048
9	天津市	1420	4498	6228	7388	8712
10	青岛市	1132	3306	5257	4797	6857
11	成都市	131	304	1204	2212	6990
12	重庆市	153	349	802	3644	5810
13	杭州市	821	2247	2716	3093	4079
14	无锡市	557	2486	4413	4347	6803
15	南京市	751	2171	3010	2967	3816
16	佛山市	963	2283	3595	3947	5273
17	郑州市	72	141	290	3453	4903
18	金华市	77	518	1864	3452	5371
19	西安市	139	327	546	1652	3214
20	大连市	1016	2355	4001	3593	4453
21	烟台市	346	1064	3339	3339	3544
22	嘉兴市	244	830	1625	2152	3201
23	南通市	305	792	1781	2206	3192
24	武汉市	183	492	1071	1646	2408
25	合肥市	136	301	444	933	2062
26	福州市	543	1130	1481	1436	1788
27	珠海市	590	1761	2606	2287	2864
28	惠州市	749	1627	2652	3729	3533
29	常州市	257	736	1598	1845	2681
30	绍兴市	158	928	2000	2028	2394

城市进出口总额（人民币）

续表

序　号	城　市	2017 年	2018 年	2019 年	2020 年	2021 年
1	上海市	30286	32052	32663	33132	39055
2	深圳市	30747	33019	34429	36712	39914
3	北京市	8228	8386	7740	7972	10190
4	苏州市	22190	24331	22897	23106	26351
5	东莞市	12378	13387	14099	14200	16728
6	宁波市	7375	8427	8817	8799	10856
7	广州市	11666	12022	11878	11472	12553
8	厦门市	3873	4040	3933	4048	4937
9	天津市	8240	9367	9395	8712	10323
10	青岛市	5728	6362	6829	6857	9604
11	成都市	3794	5048	6067	6990	7790
12	重庆市	3828	4506	5214	5810	7047
13	杭州市	3660	3955	4069	4079	5046
14	无锡市	5765	6583	6953	6803	7784
15	南京市	3522	3784	3830	3816	4431
16	佛山市	4055	4181	4959	5273	6529
17	郑州市	3817	3929	4056	4903	5856
18	金华市	3757	4122	4828	5371	6351
19	西安市	2381	3083	3053	3214	3943
20	大连市	4199	4887	5057	4453	4967
21	烟台市	3568	3689	2831	3544	5097
22	嘉兴市	2791	3158	3199	3201	4196
23	南通市	2863	3084	3095	3192	4016
24	武汉市	1791	1896	2127	2408	3018
25	合肥市	1316	1600	1732	2062	2643
26	福州市	1665	1738	1786	1788	2419
27	珠海市	2514	2832	2659	2864	3237
28	惠州市	4126	4544	3828	3533	4377
29	常州市	2209	2411	2471	2681	3347
30	绍兴市	2155	2468	2626	2394	3024

注：按城市进出口总额（人民币）（按收发货人所在地分）表中城市顺序赋值。

城市进出口总额（美元）

（按境内目的地/货源地分） 单位：亿美元

序号	城市	2000年	2005年	2010年	2015年	2020年
1	上海市	547	1815	3654	4230	4788
2	深圳市	643	1790	3523	4855	5310
3	北京市	239	535	1107	1308	1150
4	苏州市	209	1449	2798	3130	3336
5	东莞市	337	778	1298	1698	2051
6	宁波市	99	461	986	1008	1271
7	广州市	220	537	1098	1880	1657
8	厦门市	87	236	435	555	585
9	天津市	171	546	916	1190	1258
10	青岛市	137	401	775	773	991
11	成都市	16	37	177	356	1010
12	重庆市	19	42	118	587	840
13	杭州市	99	273	400	498	589
14	无锡市	67	302	651	700	982
15	南京市	91	264	444	478	551
16	佛山市	116	278	530	636	763
17	郑州市	9	17	43	553	716
18	金华市	9	63	275	556	774
19	西安市	17	40	80	266	464
20	大连市	123	286	590	579	642
21	烟台市	42	129	492	538	513
22	嘉兴市	29	101	240	347	463
23	南通市	37	96	263	355	461
24	武汉市	22	60	158	264	349
25	合肥市	16	37	66	150	298
26	福州市	66	138	218	232	258
27	珠海市	71	214	384	368	415
28	惠州市	90	198	391	600	511
29	常州市	31	89	235	297	387
30	绍兴市	19	113	295	327	345

城市进出口总额（美元）

续表

序　号	城　市	2017 年	2018 年	2019 年	2020 年	2021 年
1	上海市	4473	4859	4737	4788	6046
2	深圳市	4544	4998	4989	5310	6178
3	北京市	1216	1274	1123	1150	1576
4	苏州市	3278	3686	3323	3336	4079
5	东莞市	1828	2028	2045	2051	2589
6	宁波市	1089	1278	1280	1271	1680
7	广州市	1721	1820	1723	1657	1942
8	厦门市	572	613	571	585	764
9	天津市	1217	1417	1364	1258	1598
10	青岛市	845	964	990	991	1487
11	成都市	561	765	880	1010	1206
12	重庆市	566	682	756	840	1091
13	杭州市	540	600	590	589	781
14	无锡市	851	998	1009	982	1205
15	南京市	520	574	556	551	686
16	佛山市	598	634	719	763	1009
17	郑州市	567	588	584	716	907
18	金华市	554	625	700	774	983
19	西安市	352	468	443	464	610
20	大连市	620	742	734	642	768
21	烟台市	527	559	411	513	789
22	嘉兴市	412	479	464	463	649
23	南通市	422	468	449	461	621
24	武汉市	265	287	308	349	467
25	合肥市	195	243	251	298	409
26	福州市	245	264	259	258	374
27	珠海市	371	430	386	415	501
28	惠州市	609	689	556	511	678
29	常州市	326	366	359	387	518
30	绍兴市	318	374	381	345	468

注：按城市进出口总额（人民币）（按收发货人所在地分）表中城市顺序赋值。

城市进口总额（人民币）

（按境内目的地分）　　单位：亿元

序号	城市	2000 年	2005 年	2010 年	2015 年	2020 年
1	上海市	2491	7814	13040	15181	21547
2	深圳市	2456	6635	10541	13221	14107
3	北京市	1345	2891	5430	6325	5925
4	苏州市	849	5873	8519	8018	9980
5	东莞市	1286	2817	3701	4072	5406
6	宁波市	371	1962	3174	2293	3494
7	广州市	984	2390	4105	3663	4887
8	厦门市	349	875	1302	1408	1543
9	天津市	785	2355	3659	4387	5900
10	青岛市	484	1757	3008	2281	3829
11	成都市	64	148	703	977	3093
12	重庆市	66	151	328	1167	2001
13	杭州市	283	697	911	815	1243
14	无锡市	257	1176	1783	1680	3149
15	南京市	378	1083	1666	1588	1824
16	佛山市	434	748	1220	1091	1121
17	郑州市	26	53	108	1557	1985
18	金华市	11	35	72	89	253
19	西安市	65	146	290	879	1577
20	大连市	498	1196	2223	1992	2534
21	烟台市	165	508	1500	1576	1741
22	嘉兴市	79	237	449	545	840
23	南通市	120	295	631	734	1105
24	武汉市	98	320	604	790	1218
25	合肥市	46	74	260	325	766
26	福州市	226	427	580	479	637
27	珠海市	317	906	1204	892	1176
28	惠州市	374	739	1252	1384	1397
29	常州市	86	220	503	449	698
30	绍兴市	36	228	400	179	217

城市进口总额（人民币）

续表

序　号	城　市	2017 年	2018 年	2019 年	2020 年	2021 年
1	上海市	18492	20114	20929	21547	25977
2	深圳市	12997	15183	14265	14107	16343
3	北京市	6435	6522	5911	5925	6872
4	苏州市	9394	10540	9481	9980	11305
5	东莞市	5016	5205	5146	5406	6591
6	宁波市	2934	3632	3746	3494	4459
7	广州市	4426	4924	5426	4887	5406
8	厦门市	1728	1758	1558	1543	1938
9	天津市	5350	6336	6554	5900	6618
10	青岛市	2939	3452	3902	3829	5482
11	成都市	1884	2551	3131	3093	3296
12	重庆市	1267	1469	1782	2001	2380
13	杭州市	1170	1257	1238	1243	1483
14	无锡市	2370	2752	3046	3149	3305
15	南京市	1862	2017	1930	1824	2126
16	佛山市	1211	1224	1238	1121	1371
17	郑州市	1574	1443	1440	1985	2353
18	金华市	98	122	177	253	499
19	西安市	917	1259	1430	1577	1775
20	大连市	2396	2735	2787	2534	2794
21	烟台市	1735	1818	1289	1741	2419
22	嘉兴市	749	845	817	840	1124
23	南通市	986	1166	1047	1105	1514
24	武汉市	745	829	999	1218	1322
25	合肥市	574	654	623	766	968
26	福州市	643	599	638	637	799
27	珠海市	998	1196	1127	1176	1321
28	惠州市	1575	1897	1530	1397	1690
29	常州市	585	636	612	698	884
30	绍兴市	140	222	227	217	254

注：按城市进出口总额（人民币）（按收发货人所在地分）表中城市顺序赋值。

城市进口总额（美元）

（按境内目的地分）　　单位：亿美元

序号	城市	2000年	2005年	2010年	2015年	2020年
1	上海市	301	949	1922	2443	3115
2	深圳市	296	810	1556	2125	2038
3	北京市	163	351	800	1018	855
4	苏州市	102	715	1256	1291	1441
5	东莞市	155	342	546	656	781
6	宁波市	45	238	468	369	505
7	广州市	119	291	605	590	706
8	厦门市	42	106	192	227	223
9	天津市	95	286	538	707	852
10	青岛市	59	213	444	368	554
11	成都市	8	18	104	157	447
12	重庆市	8	18	48	188	290
13	杭州市	34	85	134	131	179
14	无锡市	31	143	263	271	455
15	南京市	46	132	246	256	264
16	佛山市	52	91	180	175	162
17	郑州市	3	6	16	250	290
18	金华市	1	4	11	14	37
19	西安市	8	18	43	141	228
20	大连市	60	145	328	321	365
21	烟台市	20	62	221	254	252
22	嘉兴市	9	29	66	88	122
23	南通市	14	36	93	118	160
24	武汉市	12	39	89	127	176
25	合肥市	6	9	38	52	111
26	福州市	27	52	86	77	92
27	珠海市	38	110	178	144	171
28	惠州市	45	90	185	223	202
29	常州市	10	27	74	72	101
30	绍兴市	4	28	59	29	31

城市进口总额（美元）

续表

序　号	城　市	2017 年	2018 年	2019 年	2020 年	2021 年
1	上海市	2732	3048	3036	3115	4021
2	深圳市	1921	2303	2068	2038	2530
3	北京市	951	991	858	855	1062
4	苏州市	1388	1598	1376	1441	1750
5	东莞市	741	789	747	781	1020
6	宁波市	433	551	544	505	690
7	广州市	654	746	788	706	836
8	厦门市	255	267	226	223	300
9	天津市	791	957	951	852	1024
10	青岛市	434	522	566	554	849
11	成都市	279	387	454	447	510
12	重庆市	187	222	258	290	368
13	杭州市	173	191	180	179	229
14	无锡市	350	417	442	455	511
15	南京市	275	306	280	264	329
16	佛山市	179	185	180	162	212
17	郑州市	234	216	208	290	364
18	金华市	15	18	26	37	77
19	西安市	136	190	207	228	275
20	大连市	353	415	405	365	432
21	烟台市	256	276	187	252	375
22	嘉兴市	111	128	119	122	174
23	南通市	146	177	152	160	234
24	武汉市	110	126	145	176	204
25	合肥市	85	99	90	111	150
26	福州市	95	91	92	92	124
27	珠海市	147	182	163	171	204
28	惠州市	233	288	222	202	262
29	常州市	87	96	89	101	137
30	绍兴市	21	34	33	31	39

注：按城市进出口总额（人民币）（按收发货人所在地分）表中城市顺序赋值。

城市出口总额（人民币）

（按境内货源地分）　　单位：亿元

序　号	城　市	2000 年	2005 年	2010 年	2015 年	2020 年
1	上海市	2044	7127	11758	11097	11585
2	深圳市	2870	8025	13318	16982	22605
3	北京市	636	1514	2088	1804	2048
4	苏州市	882	6035	10458	11415	13126
5	东莞市	1506	3581	5100	6472	8794
6	宁波市	449	1839	3517	3964	5305
7	广州市	837	2022	3346	8010	6585
8	厦门市	370	1074	1646	2039	2505
9	天津市	635	2143	2568	3000	2812
10	青岛市	647	1549	2249	2516	3028
11	成都市	66	156	501	1234	3897
12	重庆市	87	197	474	2478	3809
13	杭州市	538	1550	1804	2279	2836
14	无锡市	300	1310	2630	2667	3654
15	南京市	374	1088	1344	1378	1992
16	佛山市	529	1535	2375	2856	4152
17	郑州市	46	89	182	1895	2918
18	金华市	66	483	1792	3363	5118
19	西安市	75	182	256	773	1637
20	大连市	518	1159	1778	1601	1919
21	烟台市	181	555	1840	1764	1803
22	嘉兴市	166	592	1177	1607	2361
23	南通市	186	497	1150	1471	2088
24	武汉市	85	172	467	856	1190
25	合肥市	89	227	184	608	1296
26	福州市	317	703	901	957	1151
27	珠海市	273	855	1402	1395	1688
28	惠州市	375	888	1400	2344	2136
29	常州市	171	516	1095	1396	1983
30	绍兴市	122	699	1600	1848	2177

城市出口总额（人民币）

续表

序号	城市	2017 年	2018 年	2019 年	2020 年	2021 年
1	上海市	11795	11938	11734	11585	13079
2	深圳市	17750	17836	20165	22605	23571
3	北京市	1793	1864	1829	2048	3318
4	苏州市	12797	13792	13416	13126	15046
5	东莞市	7362	8182	8954	8794	10137
6	宁波市	4441	4795	5071	5305	6396
7	广州市	7240	7099	6451	6585	7147
8	厦门市	2146	2282	2375	2505	2999
9	天津市	2890	3031	2841	2812	3706
10	青岛市	2789	2910	2927	3028	4122
11	成都市	1910	2496	2936	3897	4494
12	重庆市	2560	3037	3432	3809	4667
13	杭州市	2490	2699	2831	2836	3562
14	无锡市	3395	3831	3907	3654	4478
15	南京市	1661	1766	1900	1992	2305
16	佛山市	2844	2957	3721	4152	5158
17	郑州市	2243	2486	2616	2918	3503
18	金华市	3659	3999	4651	5118	5852
19	西安市	1464	1824	1623	1637	2169
20	大连市	1803	2152	2270	1919	2173
21	烟台市	1833	1871	1541	1803	2677
22	嘉兴市	2042	2313	2383	2361	3072
23	南通市	1877	1918	2048	2088	2501
24	武汉市	1046	1067	1128	1190	1696
25	合肥市	742	946	1110	1296	1674
26	福州市	1022	1139	1148	1151	1620
27	珠海市	1516	1636	1533	1688	1916
28	惠州市	2551	2647	2298	2136	2687
29	常州市	1624	1775	1859	1983	2463
30	绍兴市	2015	2246	2399	2177	2770

注：按城市进出口总额（人民币）（按收发货人所在地分）表中城市顺序赋值。

城市出口总额（美元）

（按境内货源地分） 单位：亿美元

序　号	城　市	2000年	2005年	2010年	2015年	2020年
1	上海市	247	866	1733	1787	1673
2	深圳市	346	980	1967	2730	3272
3	北京市	77	184	307	290	295
4	苏州市	106	734	1542	1839	1895
5	东莞市	182	436	752	1042	1296
6	宁波市	54	223	518	639	766
7	广州市	101	246	493	1290	951
8	厦门市	45	130	243	329	362
9	天津市	77	260	378	484	406
10	青岛市	78	188	332	405	437
11	成都市	8	19	74	199	563
12	重庆市	11	24	70	399	550
13	杭州市	65	188	266	367	409
14	无锡市	36	159	388	430	527
15	南京市	45	132	198	222	287
16	佛山市	64	187	350	460	601
17	郑州市	6	11	27	303	426
18	金华市	8	59	264	542	738
19	西安市	9	22	38	125	237
20	大连市	63	141	262	258	277
21	烟台市	22	67	271	284	261
22	嘉兴市	20	72	173	259	341
23	南通市	22	60	170	237	301
24	武汉市	10	21	69	137	172
25	合肥市	11	28	27	98	187
26	福州市	38	86	133	154	166
27	珠海市	33	104	207	225	245
28	惠州市	45	108	207	377	309
29	常州市	21	63	161	225	286
30	绍兴市	15	85	236	298	314

城市出口总额（美元）

续表

序号	城市	2017年	2018年	2019年	2020年	2021年
1	上海市	1741	1810	1701	1673	2025
2	深圳市	2623	2696	2920	3272	3648
3	北京市	265	283	265	295	514
4	苏州市	1890	2089	1947	1895	2329
5	东莞市	1088	1239	1298	1296	1569
6	宁波市	655	727	736	766	990
7	广州市	1067	1074	935	951	1105
8	厦门市	317	346	345	362	464
9	天津市	426	461	413	406	573
10	青岛市	411	442	424	437	638
11	成都市	283	378	425	563	696
12	重庆市	378	460	497	550	722
13	杭州市	367	409	411	409	551
14	无锡市	501	581	567	527	693
15	南京市	245	268	276	287	357
16	佛山市	419	448	540	601	797
17	郑州市	333	372	377	426	542
18	金华市	540	606	674	738	905
19	西安市	216	277	236	237	336
20	大连市	266	327	330	277	336
21	烟台市	271	283	224	261	414
22	嘉兴市	301	351	346	341	475
23	南通市	277	291	297	301	387
24	武汉市	155	161	163	172	263
25	合肥市	110	143	161	187	259
26	福州市	151	173	166	166	251
27	珠海市	224	249	222	245	297
28	惠州市	377	401	334	309	416
29	常州市	240	269	270	286	381
30	绍兴市	297	341	348	314	429

注：按城市进出口总额（人民币）（按收发货人所在地分）表中城市顺序赋值。

特定地区进出口总额

（按收发货人所在地分）

特定地区	亿元人民币			亿美元		
	2019 年	2020 年	2021 年	2019 年	2020 年	2021 年
经济特区	40608	41764	49863	5887	6034	7718
经济技术开发区和特殊开放区	20393	21431	31198	2960	3095	4828
高新技术产业开发区	19984	21351	27574	2899	3086	4268
综合实验区	4003	4769	5749	577	696	890
保税区	14958	15754	18141	2169	2278	2809
出口加工区	3555	3701	–	516	535	–
珠澳跨境工业园区	22	19	44	3	3	7
保税物流园区	678	691	–	98	99	–
保税港区	7494	8148	842	1087	1178	130
综合保税区	29211	34284	59010	4231	4968	9138
保税物流中心（B型）	1281	1602	1234	185	232	191
国际边境合作中心	8	3	5	1	0	1

注：1. 出口加工区和保税物流园区逐步转型升级，整合到综合保税区，自 2021 年起不再单列。

2. 2021 年，保税物流中心（B 型）计算口径调整，为更精确反映实际进出口状况，历史数据未调整。

五、指数

中国对外贸易出口价格同比指数（人民币）

上年同期=100

月份	总指数				
	2017 年	2018 年	2019 年	2020 年	2021 年
1	104.1	100.5	103.2	99.7	101.0
2	106.7	98.1	109.6	98.7	97.9
3	104.5	102.7	102.2	101.2	98.3
4	106.9	100.2	103.9	107.7	97.8
5	105.4	100.6	103.4	108.4	99.6
6	105.1	100.4	105.1	104.3	100.8
7	104.0	101.0	103.8	104.3	102.6
8	102.9	104.1	103.0	101.3	106.5
9	102.7	107.0	102.0	96.2	110.6
10	102.3	109.4	101.1	97.8	108.1
11	103.1	107.5	101.2	99.9	107.5
12	100.4	105.3	98.6	100.5	109.3

中国对外贸易出口价格同比指数（美元）

上年同期=100

月份	总指数				
	2017 年	2018 年	2019 年	2020 年	2021 年
1	95.5	104.9	98.8	98.3	107.9
2	100.0	103.3	104.2	97.3	104.1
3	99.2	110.5	96.2	97.9	106.2
4	99.7	108.1	98.0	103.0	105.7
5	98.2	109.1	97.1	103.3	107.8
6	98.8	107.9	97.9	100.5	110.8
7	99.5	106.3	97.3	101.2	113.1
8	101.0	105.7	99.4	99.4	115.4
9	101.7	104.1	99.5	97.2	118.0
10	102.5	104.1	98.2	101.2	113.9
11	104.3	101.3	98.8	105.2	112.3
12	103.6	100.3	97.4	107.0	112.7

中国对外贸易进口价格同比指数（人民币）

上年同期=100

月　份	总指数				
	2017年	2018年	2019年	2020年	2021年
1	112.8	105.1	103.8	100.4	95.9
2	113.9	98.6	105.0	99.3	101.2
3	113.6	101.1	102.0	97.4	105.0
4	113.5	100.5	101.6	94.4	110.4
5	112.4	102.0	107.9	90.6	117.4
6	109.5	104.4	105.9	91.7	118.0
7	106.7	106.9	103.0	93.3	117.2
8	106.4	105.8	100.5	96.4	115.7
9	109.0	110.9	98.6	97.0	116.4
10	106.6	110.4	96.4	95.4	117.0
11	105.7	111.3	97.4	94.2	117.6
12	105.0	112.6	97.9	95.4	116.5

中国对外贸易进口价格同比指数（美元）

上年同期=100

月　份	总指数				
	2017年	2018年	2019年	2020年	2021年
1	105.3	111.1	99.4	98.9	104.3
2	109.2	105.4	99.9	97.3	109.1
3	108.2	109.6	95.9	94.1	114.4
4	106.6	110.1	95.8	90.2	120.3
5	105.0	111.4	101.2	87.0	128.0
6	104.1	112.1	98.5	89.4	130.4
7	103.6	112.2	96.8	91.4	129.5
8	105.9	107.5	97.4	95.6	124.5
9	108.8	108.0	96.2	99.0	123.5
10	107.9	105.2	93.5	99.4	122.8
11	107.8	106.2	95.3	99.9	122.6
12	109.1	107.3	96.8	102.8	119.9

附录

2022中国海关统计摘要

主要统计指标解释

商品分类　凡列入海关统计范围的进出口货物均根据《中华人民共和国海关统计商品目录》归类统计。该目录 1980—1991 年以联合国《国际贸易标准分类》第二次修订本（SITC，Rev. 2）为基础编制，1992 年起改以海关合作理事会制定的《商品名称和编码协调制度》（HS）（以下简称《协调制度》）为基础编制，采用 8 位数商品编码，前 6 位数采用《协调制度》编码，后两位数是根据中国关税、统计和贸易管理方面的需要而增设的本国子目。2021 年全目录共计有 99 章、8589 个 8 位数商品编码。

《国际贸易标准分类》（SITC）由联合国统计局主持制定、联合国经济社会理事会正式通过，用于统一各国对外贸易商品的分类统计。该体系采用经济分类标准，按照原料、半制品、制成品顺序分类，把全部国际贸易商品按经济类别划分为 10 大类，并按照编码的不同分类层次汇总为初级产品（0~4 类）和工业制成品（5~9 类）。

《按广泛经济类别分类》（BEC）由联合国统计局制定、联合国统计委员会审议通过、联合国秘书处出版颁布。BEC 分类把全部国际贸易商品分为 7 大类、19 个基本类，按照商品的主要最终用途或经济类别综合汇总为资本品、中间产品和消费品 3 个门类。

统计价格　进口货物按到岸价格（CIF）统计，出口货物按离岸价格（FOB）统计。

到岸价格包括货价、货物运抵中国关境内输入地点起卸前的运费、保险费和其他劳务费等费用。离岸价格包括货价、货物运抵中国关境内输出地点装卸前的运费、保险费和其他劳务费等费用，不包括货物离开中国关境后的运费、保险费和其他费用。

海关统计价格分别以人民币和美元计价。进出口货物的价格以其他外币计价的，分别按照海关征税使用的中国人民银行折算价及国家外汇管理部门按月公布的各种外币对美元的折算率，折算成人民币值和美元值进行统计。由于汇率波动会导致以人民币计价和以美元计价计算的同比数据不一致，提请数据使用者注意。

进出口货物关别　指接受进出口货物申报的海关。

贸易方式　指进出口交易活动中买卖双方转让商品所有权时采用的交易方式，亦称货物的贸易性质。贸易方式统计可以反映各种贸易方式的进出口情况及其在对外贸易中所占的比重。

一般贸易　指我境内进出口收发货人单边进口或单边出口的货物。

国家间、国际组织无偿援助和赠送的物资　指中国根据两国政府间的协议或临时决定，对外提供无偿援助、捐赠品或中国政府、组织基于友好关系向对方国家政府、组织赠送的物资，以及中国政府、组织接受国际组织、外国政府或组织无偿援助、捐赠或赠送的物资。

来料加工贸易 指由外商提供全部或部分原材料、辅料、零部件、元器件、配套件和包装物料，必要时提供设备，由中方按对方的要求进行加工装配，成品交对方销售，中方收取工缴费。包括海关特殊监管区域企业以来料加工装配贸易方式进口及出口的货物。

进料加工贸易 指中方购买进口的原料、材料、辅料、元器件、零部件、配套件和包装物料，加工成品或半成品后再外销出口的交易形式。包括海关特殊监管区域企业从境外进口的用于加工的料件，以及加工后出口的成品。

边境小额贸易 指中国沿陆地边境线经国家批准对外开放的边境县（旗）、边境城市辖区内企业，通过国家指定的陆地边境口岸，与毗邻国家边境地区的企业或其他贸易机构之间进行的贸易活动，包括易货贸易、现汇贸易等各类形式，以及边境地区企业与我国毗邻国家边境地区开展承包工程和劳务合作项下出口的工程设备、物资和在境外获取运回境内的设备、物资。

加工贸易进口设备 指加工贸易项下对方提供的机械设备，包括以工缴费（或差价）偿还的作价或不作价设备。

对外承包工程出口货物 指经国家商务主管部门批准有对外承包工程经营权的公司为承包国外建设工程项目和开展劳务合作等对外合作项目而出口的设备、物资，不包括边境地区经国家商务主管部门批准有对外经济技术合作经营权的企业与中国毗邻国家开展承包工程和劳务合作项下出口的工程设备、物资。

租赁贸易 指承办租赁业务的企业与外商签订国际租赁贸易合同，租赁期为一年及以上的租赁进出口货物。

外商投资企业作为投资进口的设备、物品 指外商投资企业以投资总额内的资金（包括中方投资）所进口的机器设备、零部件和其他物料［其他物料指建厂（场），以及安装、加固机器所需材料］，以及根据国家规定进口本企业自用合理数量的交通工具、生产用车辆和办公用品（设备）。

出料加工贸易 指将中国关境内原辅料、零部件、元器件或半成品交由境外厂商按中方要求进行加工或装配，成品复运进口，中方支付工缴费的交易形式。

免税外汇商品 指由经批准的收发货人进口、销售专供入境的中国出国人员，华侨、外籍华人、港澳台同胞等探亲人员，出境探亲的中国公民和驻华外交人员的免税外汇商品。

免税品 指设在国际机场、港口、车站和过境口岸的免税品商店进口，按有关规定销售给办完出境手续的旅客的免税商品，供外国籍船员和我国远洋船员购买送货上船出售的免税商品，供外交人员购买的免税品，以及在我国国际航机、国际班轮上向国际旅客出售的免税商品。对应监管方式为“免税品”（1741），仅适用于进口。2014 年之前，海关对免税品实施单项统计，自 2014 年起，免税品列入海关统计。

保税监管场所进出境货物 指从境外直接存入海关保税监管场所（包括保税仓库、保税物流中心）的货物和从海关保税监管场所（上述场所及出口监管仓库）运往境外的货物，不包括海关特殊监管区域进出境的仓储、转口等物流货物。2011 年之前称为保税仓库进出境货物。

海关特殊监管区域物流货物　指从境外直接存入海关特殊监管区域（包括保税区、保税物流园区、出口加工区、综合保税区、保税港区、特殊综合保税区等）和从海关特殊监管区域运往境外的仓储、分拨、配送、转口货物，包括流通领域的物流货物及供区内加工生产用的仓储货物。2011 年之前称为保税区仓储转口货物。

海关特殊监管区域进口设备　指从境外直接运入海关特殊监管区域（保税区、保税物流园区除外）用于区内业务所需的设备、物资，以及区内企业和行政管理机构从境外进口自用合理数量的办公用品等。2011 年之前称为出口加工区进口设备。

其他贸易方式　适用于上述列名贸易方式之外的进出口货物，包括市场采购货物和边民互市货物等。

进出口货物收发货人　指在海关备案的对外签订并执行进出口贸易合同的中国境内法人、其他组织或个人。

收发货人所在地　指进出口收发货人在我国关境内的工商注册地。

境内目的地　指进口货物在我国关境内的消费、使用地或最终运抵地。

境内货源地　指出口货物在我国关境内的产地或原始发货地。

东部地区　包括北京市、天津市、河北省、上海市、江苏省、浙江省、福建省、山东省、广东省和海南省等 10 个省、直辖市。

东北地区　包括辽宁省、吉林省和黑龙江省等 3 个省。

中部地区　包括山西省、安徽省、江西省、河南省、湖北省和湖南省等 6 个省。

西部地区　包括内蒙古自治区、广西壮族自治区、重庆市、四川省、贵州省、云南省、西藏自治区、陕西省、甘肃省、青海省、宁夏回族自治区和新疆维吾尔自治区等 12 个省、自治区和直辖市。

统计国别地区　进口货物统计原产国（地区），出口货物统计最终目的国（地区）。

原产国指进口货物的生产、开采或加工制造的国家。对经过几个国家加工制造的进口货物，以最后一个对货物进行经济上可以视为实质性加工的国家作为该货物的原产国。原产国确实不详时，按“国别不详”统计。

最终目的国指出口货物已知的消费、使用或进一步加工制造的国家。最终目的国不能确定时，按货物出口时尽可能预知的最后运往国统计。

东南亚国家联盟　简称东盟。包括文莱、缅甸、柬埔寨、印度尼西亚、老挝、马来西亚、菲律宾、新加坡、泰国、越南等 10 个国家。

欧洲联盟　简称欧盟。2000 年数据包含比利时、丹麦、英国、德国、法国、爱尔兰、意大利、卢森堡、荷兰、希腊、葡萄牙、西班牙、奥地利、芬兰、瑞典等 15 个国家。

2005 年数据包含比利时、丹麦、英国、德国、法国、爱尔兰、意大利、卢森堡、荷兰、希腊、葡萄牙、西班牙、奥地利、芬兰、瑞典、马耳他、塞浦路斯、波兰、匈牙利、捷克、斯洛文尼亚、斯洛伐克、爱沙尼亚、拉脱维亚、立陶宛等25个国家。

2010年数据包含比利时、丹麦、英国、德国、法国、爱尔兰、意大利、卢森堡、荷兰、希腊、葡萄牙、西班牙、奥地利、芬兰、瑞典、马耳他、塞浦路斯、波兰、匈牙利、捷克、斯洛文尼亚、斯洛伐克、爱沙尼亚、拉脱维亚、立陶宛、保加利亚、罗马尼亚等27个国家。

2015—2019年数据包含比利时、丹麦、英国、德国、法国、爱尔兰、意大利、卢森堡、荷兰、希腊、葡萄牙、西班牙、奥地利、芬兰、瑞典、塞浦路斯、匈牙利、马耳他、波兰、爱沙尼亚、拉脱维亚、立陶宛、斯洛文尼亚、捷克、斯洛伐克、保加利亚、罗马尼亚、克罗地亚等28个国家。

2020年1月英国脱离欧盟，欧盟统计范围调整为27国，不包括英国。2020年全年及以后数据包含比利时、丹麦、德国、法国、爱尔兰、意大利、卢森堡、荷兰、希腊、葡萄牙、西班牙、奥地利、芬兰、瑞典、塞浦路斯、匈牙利、马耳他、波兰、爱沙尼亚、拉脱维亚、立陶宛、斯洛文尼亚、捷克、斯洛伐克、保加利亚、罗马尼亚、克罗地亚等27个国家。

“一带一路”沿线国家 引用商务部、国家统计局、国家外汇管理局联合发布的《2017年度中国对外直接投资统计公报》相关报表中“一带一路”沿线国家的统计口径，包括越南、印度、新加坡、俄罗斯等64个国家。

机电产品 包括机械设备、电气设备、交通运输设备、电子产品、电器产品、仪器仪表、金属制品等及其零部件、元器件。机电产品包含的商品与部分进口、出口主要商品有交叉。

高新技术产品 采用《国家高新技术产品目录》，包括电子信息、生物医药技术、新材料、光机电一体化、新能源高效节能、环境保护、航空航天、海洋工程、核应用技术等方面的设备、仪表及其零部件、元器件。高新技术产品包含的商品与部分进口、出口主要商品有交叉。

农产品 自2003年起采用WTO乌拉圭回合协议的农产品和水产品统计口径，统计口径与农业农村部（原农业部）统计口径一致。因2000—2002年无农产品统计口径，故相关数据用2003年同口径重新计算。农产品包含的商品与部分进口、出口主要商品有交叉。

对外贸易价格指数 是反映一个国家或地区在一定时期内进出口商品价格变动趋势及幅度的统计指标，采用费氏公式的“单位价值法”编制。计算指数的资料全部来自中国海关的进出口货物贸易统计。

统计时间 进口货物按海关放行的日期进行统计，出口货物按海关结关的日期进行统计。海关月度统计数据按公历月度汇总编制。